LA
POLITIQUE
DE
MONTESQUIEU

LA
POLITIQUE
DE
MONTESQUIEU

NOTION ET MÉTHODE

par

Georges C. VLACHOS

ÉDITIONS MONTCHRESTIEN
158-160, Rue Saint-Jacques - PARIS (Ve)

I.S.B.N. : 2-7076-0143-8

« ... Tel seroit le mérite d'un Architecte qui, sur des ruines savantes, traceroit, de la manière la plus vraisemblable, le plan d'un édifice antique... »

D'ALEMBERT, *Eloge de M. le Président de Montesquieu,* mis à la tête du cinquième volume de l'*Encyclopédie* (p. vij).

PRÉFACE

En étudiant, il y a une vingtaine d'années, la pensée politique de Hume, dans la perspective d'une étude plus vaste de la pensée politique kantienne, j'ai été amené naturellement à me pencher sur Montesquieu, dont l'œuvre occupe une place centrale dans l'édifice intellectuel du dix-huitième siècle, quoique son importance ait été appréciée très diversement au cours des deux siècles et demi environ qui la séparent de nous. Les conclusions que j'avais pu tirer de ce premier contact ont été consignées dans une étude déjà ample, publiée en 1956 (*). Un réexamen plus récent du sujet, dans le cadre d'un cours professé à l'Université de Paris I, en 1972, m'a permis de vérifier ces conclusions et d'élargir en même temps notablement le cadre de ma recherche, en tenant compte des publications consacrées postérieurement à la politique de Montesquieu. Sans avoir la prétention d'être exhaustif, ce petit livre vise à donner une image globale de cette politique, en soulignant à la fois son originalité et ses limites. Il m'a semblé utile, par ailleurs, d'y insérer des renseignements bibliographiques relativement étendus, permettant au lecteur de pousser éventuellement plus loin ses investigations et sa critique.

Paris, février 1974.

G. C. V.

(*) Voyez ci-dessous, Avant-Propos, note 9.

AVANT-PROPOS

———

Après avoir illuminé la pensée de la seconde moitié du dix-huitième siècle, Montesquieu est devenu peu à peu, au cours du siècle suivant, l'homme d'une doctrine célèbre : la séparation des pouvoirs. Pratiquement, et nonobstant les efforts persévérants accomplis par les sociologues — surtout depuis Emile Durkheim, qui voyait en Montesquieu le fondateur d'une science nouvelle (1), la connaissance de l'*Esprit des Lois* s'est rétrécie progressivement aux dimensions de son livre XI, chapitre VI, où l'auteur expose son idée de séparation des pouvoirs dans le cadre de ce que lui-même appelle le « modèle » constitutionnel anglais. Mieux encore; ce modèle a été considéré généralement par les publicistes de la période libérale comme un mécanisme purement juridique. La discussion portait désormais sur le point de savoir dans quelle mesure Montesquieu distinguait deux ou trois fonctions juridiques dans l'Etat et dans quelle mesure, également, il devait ou non correspondre à cette distinction une « séparation organique ». Les plus intransigeants de ses détracteurs lui ont adressé le reproche de saper par ses idées l'unité de l'Etat,

Les notes sont insérées à la fin de l'avant-propos.

en érigeant en son sein deux ou trois entités distinctes (2); les moins engagés parmi ses commentateurs ont pensé qu'il était de leur devoir de défendre les idées du philosophe en démontrant que celui-ci avait bien songé à une pluralité de fonctions et d'organes correspondants, mais qu'il avait aussi reconnu la nécessité de plusieurs « croisements » ou « interférences » entre les « pouvoirs » ainsi constitués. Les uns et les autres étaient, cependant, profondément convaincus que lesdits « pouvoirs » n'étaient que des faisceaux homogènes de concepts juridiques purs, illuminés pour ainsi dire de l'intérieur et communiquant d'eux-mêmes la vie et l'action aux « organes » qui en avaient la charge. Des entités sociales et politiques aussi concrètes et aussi réelles que le gouvernement, le parlement, l'Administration, les juges, reflétées sur le miroir de la « séparation des pouvoirs », devenaient automatiquement et en quelque sorte miraculeusement des notions purement fonctionnelles : législation, exécution, justice ! Transmué, ainsi, en véritable théâtre d'ombres, l'*Esprit des Lois* perdait finalement son éclat même parmi les juristes qui avaient puisé auparavant en lui les armes de leur logomachie. Le bilan qui en a été fait, en 1948, lors de la célébration du bicentenaire de la publication de cette œuvre (3), était plutôt triste, si l'on excepte quelques tentatives louables de réanimation artificielle.

On peut se demander, naturellement, quelles ont été les causes réelles de cette curieuse aventure intellectuelle. Une réponse adéquate à cette question supposerait sans doute la mise en œuvre d'une biographie authentique de l'ouvrage, de sa publication, il y a deux cent vingt-six ans, jusqu'à nos jours. Nous pourrions dire, ici, glo-

balement, que chaque génération a retenu, généralement, des idées de Montesquieu ce qui cor-
respondait le mieux à ses aspirations. Mais dans
l'ensemble, l'explication la plus véridique pourrait être ramenée à deux facteurs réels : le
triomphe de la conception individualiste de la
société et de l'Etat après la Révolution française ;
l'avènement du positivisme étatiste, ce tyran
intraitable et cruel qui réussissait si bien à faire
pendant longtemps du droit positif le détenteur
d'un véritable empire totalitaire régissant l'ensemble des sciences sociales.

Ramenées aux critères de l'individualisme, les
personnes qui participent aux différentes activités de la puissance publique, et les forces
sociales qui les sous-tendent, se trouvaient désormais diluées automatiquement en un nombre
indéterminé de volontés individuelles et regrou-
pées uniquement, au niveau de l'Etat, au moyen
de fonctions juridiques pures. La séparation
entre la société privée et l'Etat, principe idéologique sacro-saint de l'individualisme libéral,
interdisait rigoureusement par avance de mélan-
ger les genres en recourant à des principes et à
des concepts métajuridiques. Sous le manteau
d'un égalitarisme juridique formel ou fictif, des-
tiné à masquer les inégalités sociales nouvelles,
les déterminismes sociaux et politiques du Droit
et de l'Etat, que Montesquieu avait précisément
voulu mettre en avant dans son livre, se trouvaient radicalement éliminés et ils étaient rem-
placés par des considérations « organologiques »
et « fonctionnalistes » aussi creuses qu'inutiles.
Erigé en doctrine quasi officielle, le positivisme
juridique venait parachever cette œuvre intellectuelle malsaine. Dressant son lit de Procuste
devant l'autel de l'esprit, il rejetait une par une

les pièces qui avaient fait la grandeur de l'*Esprit
des Lois,* au cours du siècle des lumières. Il n'en
restait plus, jusqu'aux années trente de notre
siècle, que les lambeaux maigres et décolorés
que nous avons mentionnés au début de cette
esquisse.

Reprenant quelques vieux thèmes de l'idéalisme et du romantisme allemand, l'école histori-
ciste moderne, avec Friedrich Meinecke en tête,
avait dévoilé à nouveau, il est vrai, au lendemain
de la première guerre mondiale, certains aspects
positifs de la pensée de Montesquieu, sa méthode,
son goût du concret, sa puissance d'appréhender
aussi bien l'individuel que le collectif, le nécessaire et le fortuit (4). Mais les juristes demeu-
raient imperturbables dans leur solitude positiviste et dogmatique. « Dans la maison du pendu,
on ne parle pas de corde. » En une époque de
crise, où tout le monde croyait pouvoir trouver
le salut dans une formule magique : le « Ren-
forcement de l'Exécutif », la « séparation des
pouvoirs » résonnait comme un anachronisme.
Montesquieu, l'homme d'une doctrine, celle de la
« séparation des pouvoirs » était mort et bien
mort ! Eh non ! C'est en ce moment, précisément, qu'un jeune mais déjà remarquable publi-
ciste, Charles Eisenmann, vint démontrer que la
séparation des pouvoirs de Montesquieu n'est
pas telle que le XIXᵉ siècle l'a présentée; qu'il ne
s'agit pas d'un séparatisme organique à partir
d'un séparatisme fonctionnel et symétrique à ce
dernier, mais d'une formule de séparation et de
balancement politiques, notamment entre les
facteurs, historiquement déterminés, du régime
anglais du milieu du XVIIIᵉ siècle : Royauté et
Cabinet, Chambre haute et Chambre basse, la
justice y étant plutôt un accessoire et faisant

partie, en tout cas, conceptuellement, de la fonction exécutive (5).

Bien que son auteur n'ait voulu donner à son
étude de la doctrine de la séparation des pouvoirs de Montesquieu qu'une ampleur somme
toute limitée — M. Eisenmann s'est contenté de
commenter le célèbre chapitre VI du livre XI de
l'*Esprit des Lois* —, son interprétation n'en a
pas moins connu d'étranges prolongements. Un
bref mais particulièrement brillant ouvrage de
Louis Althusser (6), profitant de la cassure opérée
par Charles Eisenmann dans l'interprétation
monolithique antérieure des juristes, et mettant
en valeur des vues exposées auparavant par
Albert Mathiez (7), croit pouvoir discerner désormais, à travers et au-delà de la politisation du
sujet, une évidente politisation de la pensée
même du philosophe. Après avoir été réduite au
niveau d'un absurde positivisme apolitique, l'idée
séparatiste devient ainsi le signe d'un rétrécisse-
ment idéologique certain : Montesquieu, nonobstant l'incontestable grandeur et nouveauté de son
esprit, n'aurait opté finalement pour la formule
séparatiste que pour défendre une certaine image
de l' « Etat féodal », dont il faisait partie, socialement et idéologiquement. Il est curieux de constater que l'interprétation idéologique a pu trou
ver récemment, à l'autre extrémité des positions
doctrinales, un défenseur tout aussi aigu et
tenace en la personne de Jean Rouvier (8), qui
n'hésite pas à classer Montesquieu parmi les
principaux artisans de la destruction de ce même
Etat, autrement qualifié et apprécié, sans doute,
de la part de cet auteur que sous la plume de
M. Althusser.

Les interprétations idéologiques, dont nous
aurons à discuter la teneur exacte au cours de

cette étude, valent, certes, pour la connaissance
de la pensée politique de Montesquieu, bien plus
et bien mieux que les interprétations juridiques
antérieures, qui avaient contribué à abaisser un
esprit philosophique et scientifique original au
niveau des vulgaires faiseurs de doctrines. Il y a
pourtant, nous semble-t-il, un danger qui guette
en permanence l'historien de la pensée politique,
lorsque celui-ci oublie les écarts qui existent,
nécessairement et toujours, entre l'esprit scientifique et l'idéologie. Si l'un et l'autre sont susceptibles d'être étudiés, voire s'ils doivent obli-
gatoirement être étudiés à la lumière d'une sociologie plus large de la connaissance, ils n'en
doivent pas moins être séparés méthodiquement.
Les idéologies sont naturellement nourries d'esprit dogmatique plutôt que d'esprit critique;
l'idée de systématisation y est assurée à partir
de postulats dont le caractère impératif ne dépend
que d'eux-mêmes, jamais de leur insertion dans
un ensemble d'idées et de méthodes. La pensée
scientifique, lorsqu'elle se hausse au niveau de la
vraie créativité, ne devient, elle, objective et
impersonnelle qu'au prix d'une plus forte per-
sonnalisation. Pour se survivre en tant que telle,
elle se doit d'épouser l'esprit critique et de faire
de l'idée de systématisation des connaissances la
présupposition de la validité de ses postulats, qui
ne sont, dès lors, que des hypothèses liées à
d'autres hypothèses, les unes et les autres véri-
fiables à chaque instant et jamais impératives.
L'idéologie croît et se développe en vase clos; la
pensée scientifique s'emploie à abattre ou, du
moins, à abaisser les clôtures, du côté du passé
comme du côté du présent et de l'avenir; elle est
anti-idéologie quand bien même elle se fût
adonné comme tâche d'atteindre à des buts défi-

nis au départ selon des fins d'inspiration idéologique.

Scientifique dans ses déterminations profondes,
ainsi que Louis Althusser le montre avec force,
la pensée de Montesquieu ne saurait être interprétée étroitement au niveau des idéologies sans
être trahie dans ce qu'elle contient de plus
essentiel. En admettant même que Montesquieu
livre idéologiquement un combat d'arrière-garde
en faveur de l' « Etat féodal », comme Louis
Althusser le prétend, est-on vraiment sûr que
l' « Etat féodal » réélaboré ou construit par l'auteur de l'*Esprit des Lois* est celui-là même que
l'idéologie « féodale » de son Temps envisageait
réellement comme tel ? Pour approfondir la
République ou les *Lois,* il faut une autre échelle
que celle où se situent les oligarques athéniens
du Temps de Platon. Il n'en est pas autrement
de l'œuvre de Montesquieu par rapport aux em-
blèmes et au programme du parti « féodal ».

L'*Esprit des Lois* renferme sans doute, lui
aussi, un projet philosophique dont les motivations ou les limites idéologiques ne laissent aucun
doute. Mais, dans le cadre d'un tel projet, comme
partout ailleurs dans les productions intellec-
tuelles authentiques, l'idéologie se trouve être
diluée dans l'intégralité de l'œuvre et ne possède
une importance déterminante qu'à l'intérieur de
celle-ci et selon ses mesures. Les références à des
modèles stéréotypés venant de l'extérieur possèdent, dès lors, quant à l'élucidation de sa signification véritable, une valeur plus documentaire
que scientifique. Il n'en convient pas moins d'en
tenir compte dans la progression de l'analyse.

Pour situer Montesquieu dans la double perspective de ses motivations intimes et des idéologies et des courants de pensée de son Temps,

il faudrait évidemment procéder à une étude à la fois minutieuse et globale de son œuvre, œuvre étendue dans les domaines les plus divers : la théologie naturelle, la géographie, l'ethnologie, l'histoire, l'économie, la morale, aussi bien que le droit et la politique. Le but de notre recherche est beaucoup plus limité. Il ne vise qu'à saisir la politique à partir des notions — cardinales il est vrai, de « pouvoir » et de « liberté »; elle laisse de côté des aspects aussi importants que ceux de l'économie, de l'administration et des finances, auxquels l'auteur de l'*Esprit des Lois* a pourtant consacré de très larges développements. Cette omission serait sans doute grave, si elle n'était pas parfaitement consciente et voulue. Ce qui manque, en effet, aux études sur Montesquieu, ce ne sont pas les commentaires concernant sa réflexion ou sa documentation sur tel ou tel point particulier de son livre (9). Ce qui fait défaut ou ce qui a été rendu obscur à la suite, précisément, des interprétations divergentes de sa doctrine de la séparation des pouvoirs, c'est sa position doctrinale de base en ce qui concerne l'essence même de l'Etat en tant que cadre permanent de l'action politique. Il s'agit, en d'autres termes, de saisir avant tout et d'éclairer désormais ce qui pourrait être le noyau même de sa pensée politique. Le déploiement de cette pensée à travers les aspects mentionnés de la vie en société ne saurait, en fait, être apprécié à sa juste valeur qu'à partir d'une telle connaissance structurale de son œuvre. Cette voie nous paraît être la seule qui serait susceptible de nous préserver des erreurs d'une interprétation par trop juridique ou par trop idéologique, déformatrices l'une et l'autre du fond véritable d'une œuvre aussi capitale pour l'histoire des idées politiques.

NOTES DE L'AVANT-PROPOS

(1) Emile DURKHEIM, « Montesquieu, sa part dans la fondation des sciences politiques et de la science de la société », *Revue d'Histoire politique et constitutionnelle*, juillet-septembre 1937, p. 405-463 (trad. de la dissertation latine de l'auteur, intitulée : *Quid secundatus policae scientiae instituendae contulerit*), 1892. Nous citons d'après l'édition plus récente dans Emile DURKHEIM, *Montesquieu et Rousseau, précurseurs de la sociologie*, Paris, Rivière, 1966. Voyez également Raymond ARON, *Les étapes de la pensée sociologique*, Paris, 1965, p. 27 et suiv.

(2) Mais il est vrai que la plupart de ces critiques ont été adressées à Montesquieu à travers l'interprétation kantienne de sa pensée ou en tenant compte de certaines formules employées dans les constitutions françaises de l'ère révolutionnaire. Le problème de la « séparation des pouvoirs » dans les assemblées révolutionnaires a fait récemment l'objet d'une recherche approfondie de la part de Michel TROPER, dans son livre : *La séparation des pouvoirs et l'histoire constitutionnelle française*, Bibl. const. et de Sc. politique, Paris, 1973, où l'auteur étudie également les idées de Montesquieu intéressant le sujet (cf. *ci-dessous*, chap. IV). Pour ce qui est de Kant, il convient de rappeler que celui-ci entend la distinction trialiste des fonctions comme un dogme métaphysique, valable idéalement pour tous les régimes politiques, indépendamment des temps et des lieux et sans tenir compte des formes d'Etat et de gouvernement. Voyez à ce sujet, H. AUFRICHT, « Die Lehre von der drei Gewalten bei Kant », *Zeitschrift für öff. Recht*, 9, p. 182 et suiv., Georges VLACHOS, *La pensée politique de Kant*, Paris, 1962, p. 429 et suiv. Kant distingue, en effet, formellement trois entités distinctes dans l'Etat; il écrit : « Tout Etat renferme en lui trois pouvoirs, c'est-à-dire l'unité de la volonté générale s'analyse en lui en trois personnes ». Dans la suite de ses développements (*Doctrine du droit*, trad. franç. J. Barni, p. 168-169), le philosophe allemand compare la triplicité des pouvoirs étatiques à la Sainte-Trinité divine. A partir de cette interprétation, Hegel formule sa critique acerbe de la doctrine de la séparation des pouvoirs en ces termes : « Dans le principe de la séparation des pouvoirs, tel que l'entend la raison théorique abstraite, sont contenues, d'une part, la définition erronée de l'indépendance absolue des pouvoirs entre eux, et, d'autre part, la conception unilatérale du rapport qui les unit comme négation, comme une limitation

réciproque. Le principe de la séparation des pouvoirs fait
naître dans chacun d'eux l'hostilité et la crainte que
l'autre lui fera un mal, contre lequel il se doit de réagir
et obtenir un équilibre général, et non pas une unité
vivante... L'indépendance des pouvoirs a comme effet
immédiat la dissolution de l'Etat. » *Grundlinien der Philosophie des Rechts*, § 272. Cette conception de Hegel a
été suivie en Allemagne par de nombreux auteurs du
XIXᵉ siècle, à commencer par Robert v. MOHL (*Geschichte
und Literatur der Staatswissenschaften*, 1855, p. 271 et
suiv.) et par STAHL (*Die Staatslehre und die Prinzipien
des Staatsrechts*, 1855, p. 197). Voyez, pour des renseignements bibliographiques supplémentaires, Walter HERBERT,
*Die Einheit der Staatsgewalt und die Lehre von der
Gewaltenteilung*, Diss. Würzburg, 1937, notamment p. 74
et suiv. Cf., pour la France, les critiques de CARRÉ DE
MALBERG (*Théorie générale de l'Etat*, II, 1922, p. 20 et
suiv.); voyez également A. ESMEIN, *Eléments de droit
constitutionnel*, 7ᵉ éd., 1927, I, p. 503 et suiv. Nous verrons,
au cours de notre étude, que la conception séparatiste
critiquée par Hegel et ses partisans n'a rien de commun
avec les idées exposées par Montesquieu.

(3) Voyez les études et communications élaborées à
cette occasion et publiées en 1952, sous le titre : *Montesquieu, sa pensée politique et constitutionnelle* (Travaux
et Recherches de l'Institut de droit comparé de l'Université de Paris, nᵒ VII).

(4) Fr. MEINECKE, *Die Entstehung des Historismus*, I,
1936, p. 125 et suiv.

(5) Charles EISENMANN, « *L'Esprit des Lois* et la séparation des pouvoirs », *Mélanges Carré de Malberg*, Paris,
1933, p. 190 et suiv.; cf. du même auteur : « La pensée
constitutionnelle de Montesquieu », dans *Montesquieu, sa
pensée politique*, etc., p. 133 et suiv., ainsi que la Lettre-
Préface de l'ouvrage cité de Michel Troper (*ci-dessus,*
note 2).

(6) *Montesquieu, la politique et l'histoire*, Paris, 3ᵉ éd.,
1969. En rapprochant les développements consacrés, dans
l'Esprit des Lois, à la monarchie de type continental et
notamment français de ceux qui sont dédiés plus spécialement à la constitution anglaise, Louis ALTHUSSER (*ibid.,*
p. 65 et suiv., 98 et suiv.) pense que toutes les combinaisons imaginées par Montesquieu avec le concours du
principe de « distribution des pouvoirs » visent uniquement à protéger le roi contre le peuple et la noblesse
contre le roi. Malgré son ingéniosité, cette interprétation
déforme fondamentalement la recherche effectuée par le
philosophe, en rétrécissant son cadre géographique et

historique et en limitant les possibilités d'applications diversifiées du principe mentionné. Celui-ci a été appliqué, en effet, par l'auteur de l'*Esprit des Lois*, selon des modalités variables, à bien d'autres régimes politiques que ceux des Etats semi-féodaux de l'Europe du XVIIIe siècle. Dans ces Etats même et, en particulier en Angleterre, les analyses de l'auteur vont bien au-delà de la formulation de simples conseils de prudence et tendent à dévoiler les réalités, politiques, sociales et psychologiques des régimes étudiés. En fait, les limites de la science de Montesquieu résident moins dans sa prétendue idéologie réactionnaire ou « féodale », que dans sa méthode ou, plus exactement, dans la manière dont il s'en est servi dans l'étude des différentes constitutions. Idéologiquement, Montesquieu serait plutôt, selon nos catégories actuelles, un « réformiste », puissamment influencé par les idées libérales de son siècle. Cette qualification n'épuise cependant en aucune manière le riche contenu de sa pensée scientifique et philosophique, dans le domaine du politique et du social. Cf. *ci-dessous*, chap. II, notes 58 et 63, ainsi que notre *Conclusion*.

(7) « La place de Montesquieu dans l'histoire des doctrines politiques au XVIIIe siècle », dans *Annales histori- ques de la Révolution française*, mars 1930, p. 97 et suiv. Commentant ces différentes prises de position, Robert DERATHÉ, dans son Introduction à l'édition Garnier de l'*Esprit des Lois* (I, p. XXXII-XXXIII), admet que dans la mesure où Montesquieu se prononce résolument contre l'absolutisme royal, « l'*Esprit des Lois* fait partie de cette littérature d'opposition nobiliaire dont les écrits et les manifestations se sont multipliés à la mort du grand roi » ; mais il considère avec raison qu'il « serait ... une erreur de ne voir dans l'*Esprit des Lois*, sur le plan pratique et politique, qu'une tentative de réaction féodale contre l'absolutisme royal ».

(8) *Les grandes idées politiques, des origines à J.-J. Rousseau*, Paris, 1973, p. 308 et suiv. Considérant Montesquieu comme le représentant typique des « Aristocrates », M. Rouvier écrit que celui-ci « atteste l'unité de la noblesse d'épée et de robe dans une philosophie militante additionnée d'un mélange de réaction féodale et parlementaire, le tout lié par un snobisme anglomane » (p. 308). De l'ensemble des applications du principe de « distribution des pouvoirs » dans l'*Esprit des Lois*, cet auteur ne retient pratiquement que ce qui se rapporte directement à cette « philosophie militante », envisagée presque uniquement dans le cadre des problèmes qu'avait suscités la monarchie française sous Louis XV (cf. *ci-dessous*, chap. II, note 58). En définitive, Montesquieu est rattaché, selon cette optique, aux « forces de

dissolution » (*ibid.*, p. 317 et *passim*) et il est présenté comme ayant agi au nom d'un parti (celui de l'opposition coalisée des féodaux et des parlementaires). A lire, par exemple, à la page 318 : « C'est qu'au nom de ce parti Montesquieu a encore des comptes à régler ». Sous cet angle, l'*Esprit des Lois* apparaît, dans ses parties historiques, comme une « falsification de l'histoire » (p. 309, etc.) et, dans ce qu'il contient de systématique, comme un amas de contradictions (p. 318 et *passim*).

(9) Sur la vie et l'œuvre de Montesquieu (1689-1755), voyez Albert SOREL, *Montesquieu*, 1887; H. A. BARCKHAU-SEN, *Montesquieu, ses idées et ses œuvres, d'après les manuscrits inédits de la Brède*, 1907; P. BARRIÈRE, *Un grand provincial : Charles-Louis de Secondat, Baron de la Brède et de Montesquieu*, 1946, ainsi que les très amples introductions et commentaires de Brethe de la Grassaye et de Robert Dérathé à leurs éditions respectives de l'*Esprit des Lois*. La bibliographie plus ancienne a été répertoriée dans la publication de David G. CABEEN, *Montesquieu. A bibliography*, N. Y., 1947. Particulièrement éclairant est le chapitre consacré à l'*Esprit des Lois* dans l'ouvrage de J.-J. CHEVALLIER, *Les grandes œuvres politiques*, 1re éd., 1948, p. 100 et suiv. Parmi les études plus récentes, voyez J. STAROBINSKY, *Montesquieu par lui-même*, Paris, 1953; E. VIDAL, *Saggio sul Montesquieu*, Milan, 1950; S. COTTA, *Montesquieu e la scienza della società*, Turin, 1953; Badreddine KASSEM, *Décadence et absolutisme dans l'œuvre de Montesquieu*, Paris-Genève, 1960; *Actes du Congrès de Montesquieu*, Bordeaux, 1956; Georges VLACHOS, « L'unité du pouvoir politique et la séparation des pouvoirs dans l'*Esprit des Lois* », extrait des *Mélanges* offerts à Octave et Melpo Merlier, p. 1-44, Athènes, 1956 (en grec). Parmi les monographies spécialisées, il convient de mentionner : C. P. COURTNEY, *Montesquieu and Burke*, Oxford, 1963; Ch. JANBERT, *Montesquieu économiste*, Paris, 1901; R. P. JAMESON, *Montesquieu et l'esclavage*, Paris, 1911. L'important ouvrage de Me Simone GOYARD-FABRE, *La philosophie du droit de Montesquieu*, Paris, 1972, contient une bibliographie étendue sur l'ensemble de l'œuvre de Montesquieu. Cf. R. SHACKLETON, *Montesquieu. A critical bibliography*, Oxford, 1961.

Les citations et renvois aux *Pensées* et aux autres inédits de Montesquieu sont faits d'après l'édition Nagel (Paris, 1950, en 3 volumes).

Lois de la nature
et lois de la liberté.
L'Etat et le droit

Le chapitre VI du livre XI de l'*Esprit des Lois* porte le titre : « De la constitution de l'Angleterre ». Il s'agit bien, donc, d'un chapitre spécialement consacré au gouvernement d'un pays déterminé. Il est naturel qu'il soit limité à contenir les principes et les techniques de ce gouvernement, qu'il ne se livre pas également à des développements d'ordre général sur la notion de l'Etat et sur la nature et le caractère du pouvoir politique. Ces aspects plus larges de la politique, du droit et de l'Etat avaient, par ailleurs, été étudiés par Montesquieu dans les parties précédentes de son ouvrage et y avaient trouvé des réponses appropriées. Il n'y avait aucune raison d'y revenir du moment qu'il n'était plus question que de la constitution d'un seul Etat, celle de l'Angleterre. L'étude de cette constitution sous-entend, naturellement, ce qui est dit en matière

Les notes sont insérées à la fin du chapitre.

de théorie générale du droit et de l'Etat dans les autres parties de l'ouvrage.

Parmi les différents aspects d'ordre général et en quelque sorte « théoriques », le plus important peut-être pour la compréhension de la pensée de Montesquieu, est celui de l'unité du pouvoir politique et de l'Etat. Il est curieux de constater que la plupart de ses commentateurs s'y arrêtent peu ou pas du tout (1). C'est par là qu'il convient, cependant, à notre avis, de commencer, si l'on veut acquérir une connaissance exacte de la vraie structure de sa politique.

Dès le début de son ouvrage, Montesquieu procède à une distinction nette entre le « Droit politique » et le « Droit civil » (2). Le premier se rapporte à l' « Etat politique » ou aux lois « dans les rapports qu'ont ceux qui gouvernent avec ceux qui sont gouvernés » (3). Le « Droit civil » régit les rapports des citoyens entre eux (4). C'est en gros la distinction romaine entre le droit public et le droit privé. Les deux sont, néanmoins, inséparables, de la façon que nous aurons à préciser bientôt. Auparavant, il importe de souligner le fait que l' « Etat politique » et le « Droit politique » supposent invariablement, dans l'esprit de l'auteur, la différenciation entre gouvernants et gouvernés et se modèlent strictement selon cette différenciation. Celle-ci n'est, toutefois, concevable que dans le cadre d'une relation parfaitement légale, c'est-à-dire d'une réciprocité de droits et de devoirs entre les premiers et les seconds (5), sous l'égide de l'idée d'Etat souverain, un et indivisible. Bien loin d'exclure l'unité, la différenciation entre gouvernants et gouvernés la postule, au contraire, impérativement. Elle la postule même d'une manière très particulière, et qui nous paraît déterminante pour l'ensemble de la doctrine de l'Etat et du Droit, telle qu'elle se dégage d'une lecture attentive de l'*Esprit des Lois*.

En effet, écrit Montesquieu, « une société ne saurait subsister sans un gouvernement. *La réunion de toutes les forces particulières,* dit très bien Gravina, *forme ce qu'on appelle l'Etat politique* » (6). Or, ajoute-t-il — et cela est particulièrement remarquable —, « les forces particulières ne peuvent se réunir sans que toutes les volontés se réunissent. *La réunion de ces volontés,* dit encore très bien Gravina, *est ce qu'on appelle l'Etat civil* ». Du « Droit civil » et du « Droit politique », en passant par l' « Etat politique », nous remontons ainsi à l' « Etat civil », c'est-à-dire à l'Etat tout court, qui recouvre en fait toutes ces notions partielles. Ce qui est significatif, pourtant, dans cette progression, c'est l'idée que l'union suprême qui est l' « Etat civil », n'est pas la réunion pure et simple de « toutes les forces », mais la réunion de « toutes les volontés », celles des gouvernants aussi bien que celles des gouvernés.

C'est un point sur lequel nous devons nous arrêter, ici, brièvement, avant d'aborder plus concrètement le problème de l'unité du pouvoir politique et de l'Etat.

Comme il ressort des passages de l'*Esprit des Lois* précédemment cités, et contrairement à ce que l'on pense généralement à ce sujet (7), Montesquieu ne répudie pas d'emblée l'idée d'état de nature et de contrat social ou politique, quoiqu'il se garde bien d'attribuer à ces hypothèses une signification historique quelconque (8). Ce qu'il répudie avec force, ce sont les théories contradictoires de Locke et de Hobbes, dont la première postule, on le sait, une communauté pré-étatique communiste (9), tandis que la seconde discerne plutôt, avant la création de l'Etat, des sociétés sauvages plongées perpétuellement dans une guerre implacable de tous contre tous (10). S'approchant de Samuel Puffendorf (11), mais en corrigeant sensiblement ses idées, Montesquieu admet que la caractéristique principale de l'état pré-étatique est la peur réciproque. Il considère, cependant, que la peur, ainsi que l'attrait naturel mutuel et l'attrait sexuel, constituent des facteurs de rapprochement entre les individus, rapprochement qui engendre avec le temps l'établissement de liens sociaux (12). Un tel processus n'implique pas, toutefois, de l'avis de l'auteur de l'*Esprit des Lois,* la génération spontanée d'une société paisible et égalitaire. Montesquieu postule, au contraire, l'idée que la guerre de tous contre tous, individus contre individus et sociétés contre d'autres sociétés, commence en fait avec l'établissement de liens sociaux, et se perpétue dorénavant, au fur et à mesure que la vie en société évolue et se développe; il affirme, en conséquence, que l'Etat fait lui-même son apparition au cours de cette évolution désordonnée et dans le contexte des conflits aigus qui l'accompagnent (13). Sous cet angle particulier, et en dépit des différences qui le séparent de la doctrine du rationalisme géométrique, Montesquieu se situe à peu près sur le même plan que Spinoza; celui-ci admettait, on le sait, que la disposition égoïste et agressive de l'individu survit au sein de la société étatique et doit être prise en considération dans l'élaboration des lois (14). Dans l'*Esprit des Lois,* cette disposition n'est pas « naturelle »; elle naît avec la société et elle est la conséquence de la rupture de l'équilibre fragile qu'entretenait auparavant la peur mutuelle :

« sitôt que les hommes sont en société, ils perdent le sentiment de leur faiblesse; l'égalité qui
était entre eux cesse, et l'état de guerre commence » (15). Cette guerre est double : « chaque
société particulière vient à sentir sa force; ce
qui produit un état de guerre de nation à nation »
(16). C'est ce qui donne naissance à cette catégorie spéciale de lois auxquelles on a donné le
nom de « Droit des gens ». De même, « les particuliers, dans chaque société, commencent à sentir leur force; ils cherchent à tourner en leur
faveur les principaux avantages de cette société;
ce qui fait entre eux un état de guerre » (17).
De là naissent, précisément, les lois du « Droit
politique » et du « Droit civil » dont il a été
question plus haut. Ce processus est inéluctable.
Il fait partie des lois naturelles (18), quels que
soient la nature et le caractère des lois positives
que chaque pays et chaque gouvernement se
donnent, conformément à des facteurs sociologiques et historiques variables. Ce qui est à
exclure, en tout état de cause, c'est l'idée que les
hommes aient jamais pu se donner arbitrairement, en bravant les déterminismes de leur
nature, un mode de vie de leur choix au moyen
d'un contrat social librement consenti et sur des
bases d'égalité parfaite. L'égalité que l'on connaît dans la nature — nous l'avons déjà noté —
est celle de la peur réciproque; cette peur disparaît grâce à la socialisation progressive de
l'homme, mais, du même coup, disparaît aussi
l'égalité négative antérieure. Le problème des
origines de la société et de l'Etat n'en demeure
pas moins obscur et quasi inscrutable. Comment
donc peut-on passer, presque sans discontinuer,
de l'égalité de la peur à l'inégalité sanctionnée
par l'Etat et le Droit ?

Pour résoudre l'antinomie qu'implique le passage de la vie sauvage à la vie civile, Hobbes a postulé la présence, dans l'être humain, d'un instinct naturel de domination et de conquête; et il fit de la société civile une sorte de prolongement de cet instinct. Si l'hypothèse de Hobbes était vraie, il serait naturellement facile de résoudre l'antinomie précédente en nous référant uniquement à des rapports de domination naturels; de tels rapports eussent été parfaitement mesurables, à partir de forces de résistance individuelles, transposées telles quelles dans l' « être artificiel » qui est l'Etat. Le pouvoir politique aurait jailli de manière inéluctable d'un contrat de renoncement mutuel, ainsi que l'auteur de *Léviathan* l'a supposé. Mais en fait, cet auteur s'est trompé gravement en ce qui concerne son hypothèse initiale : « Le désir que Hobbes donne d'abord aux hommes de se subjuguer les uns aux autres, n'est pas raisonnable. L'idée de l'empire et de la domination est si composée, et dépend d'autant d'autres idées, que ce ne serait pas celle qu'il aurait d'abord » (19). Par ailleurs, ainsi que nous l'avons montré plus haut, l' « Etat civil » n'est pas une quelconque « réunion de forces », mais une « réunion de volontés » qui recouvre ou qui croise la réunion des forces. Si cette idée ne résout pas automatiquement le problème des origines de l'Etat, elle montre pourtant de quel côté il faudra aller chercher sa solution.

Il n'est pas question, certes, d'envisager le problème des origines en tournant le dos à ce qui est déjà un acquis définitif pour la science du XVIIIe siècle : la notion de loi naturelle. En cela Montesquieu est bien dans le sillage du rationalisme, tel qu'il avait été défini avant lui, par-delà Hobbes ou Spinoza (20), en liaison étroite

avec le concept d'expérience et de vérité empirique : « les lois, dans la signification la plus
étendue, sont les rapports nécessaires qui dérivent
de la nature des choses; et, dans ce sens, tous les
êtres ont leurs lois » (21). Les hommes, naturellement, ont eux aussi leurs lois; mais leur nature
est double : « L'homme, comme être physique,
est, ainsi que les autres corps, gouverné par des
lois invariables. Comme être intelligent, il viole
sans cesse les lois que Dieu a établies, et change
celles qu'il établit lui-même » (22). L'être intelligent se trompe, sans doute, quand il viole les lois
naturelles, celles qui « dérivent de la nature des
choses », c'est-à-dire de la nature des hommes
en tant qu'êtres faisant partie des déterminismes
naturels. Il n'en demeure pas moins que, sur
le plan pratique, l'erreur même, quand elle
engendre effectivement des lois de comportement :
lois positives, coutumes ou usages, devient en
quelque sorte une seconde nature et, comme telle,
elle est nécessairement liée à la première. L'ob-
servateur se doit, par conséquent, de l'affronter
selon le même esprit d'objectivité et de rigueur
parfaites qui s'impose également dans l'étude
des choses de la Nature. S'il est vrai, cependant,
que l'attitude fondamentale du chercheur ne se
modifie en rien, l'objet lui-même se trouve, en
fait, sensiblement modifié et renouvelé. Dans
l'étude des corps naturels, la physique et la
géométrie se suffisent amplement; les institutions sociales et politiques réclament, elles, une
anthropologie psychologique et sociale particulièrement souple, soutenue par la géographie,
l'ethnologie et l'histoire, capable de saisir et d'expliquer à la fois les principes « naturels » qui
régissent la vie des hommes et les applications
concrètes et diversifiées que ces principes revê-

tent, en raison de la double nature de l' « être intelligent ».

Le facteur « intelligence » ne conduit pas, on le voit, l'auteur de l'*Esprit des Lois* à penser l'homme et la société comme des réalités qui se déplacent d'un seul coup (comme dans l'hypothèse du contrat social du rationalisme) du déterminisme naturel à l'indéterminisme (ou à un déterminisme purement logique — ce qui revient au même); il contribue, au contraire, à l'inciter à assujettir ces réalités spécifiques à une sorte de surdétermination, en ajoutant aux « causes physiques » différentes « causes morales », sur lesquelles nous aurons à nous étendre dans la suite de notre exposé. Ce qui importe de souligner, toutefois, dès à présent, c'est la simple constatation qu'en effectuant cette démarche, Montesquieu ne tourne pas le dos au rationalisme géométrique pour réinventer une théologie politique depuis longtemps périmée (23) ou pour verser au romantisme et à l'utopie. L'auteur de l'*Esprit des Lois* appartient plutôt à cette catégorie plus large de penseurs du XVIIIe siècle qui, sous l'influence de Newton *(non fingo hypotheses !),* se tournent entièrement vers l'expérience, en s'efforçant de découvrir par l'observation des rapports réels et effectifs entre les phénomènes de la nature et ceux de la société, entre les lois naturelles et les lois sociales. Déjà au commencement du siècle, sous l'influence prépondérante, quoique non avouée, de Spinoza (24), qui avait souligné fortement la relativité sociologique et historique des manifestations sociales (25), l'hypothèse du rationalisme métaphysique, au sujet de l'existence de lois naturelles régissant de façon uniforme les sociétés humaines, avait été complétée par la recherche d'une parti-

culière *locorum ac regionum ratio,* que les
adeptes de l'empirisme, y compris Hume (26),
avaient pourtant beaucoup de mal à accorder
avec l'universalité des lois de la nature. Ce qui,
cependant, est relativement nouveau, chez Montesquieu, en comparaison avec la plupart des
empiristes de son siècle, c'est le rejet de l'existence d'une catégorie de lois naturelles universelles simplement superposées à une autre catégorie de lois positives diversifiées et variables.
Pour combler l'hiatus qui sépare ces deux
genres différents de lois, l'auteur de l'*Esprit des
Lois* écarte en fait totalement la vieille opposition théologique entre l'Esprit et la Nature; et
il montre du doigt l'imbrication étroite des lois
psycho-sociales résultant de la nature double de
l' « être intelligent ». En opérant ainsi, Montesquieu fait projeter la nature dans la société, pour
faire de celle-ci une nature originale, composite,
complexe, variable, mais parfaitement obser-
vable, susceptible d'être étudiée, expliquée, comprise dans tout ce qu'elle contient d'universel ou
de particulier, de passager ou de durable. Certes,
le goût de l'individuel et du concret est tellement
poussé chez l'auteur de l'*Esprit des Lois* (27),
que celui-ci n'hésite pas à écrire un instant que
les lois « doivent être tellement propres au
peuple pour lequel elles sont faites, que c'est un
grand hasard si celles d'une nation peuvent con-
venir à une autre » (28). Cette pensée ne vise,
cependant, en fait qu'à souligner la présence de
nombreux particularismes locaux sans point
infirmer les « principes », c'est-à-dire les causes
proprement dites, « physiques » ou « morales »,
dont l'action, uniforme ou différentielle, se présente comme une constante et sert de base à
l'édification d'un vrai système empirique de la

connaissance juridique et politique. C'est ce qui
permet à Montesquieu d'écrire dans la Préface
de son livre — qui est aussi un bilan de l'ensemble de ses recherches —, ces mots significatifs : « j'ai posé les principes, et j'ai vu les
cas particuliers s'y plier comme d'eux-mêmes, les
histoires de toutes les nations n'en être que les
suites, et chaque loi particulière liée avec une
autre loi, ou dépendre d'une autre plus générale ».

Il aurait fallu analyser l'ensemble de l'ouvrage
pour voir comment cette liaison entre l'universel
et le particulier s'opère en quelque sorte de l'intérieur, par l'action concomitante ou subséquente de causes diverses, « physiques » ou
« morales », ce qui n'est pas le but de notre
propos actuel (29). Ce qui importe de souligner,
ici, c'est que le rejet de la formule hobbesienne
sur les origines de l'Etat ne conduit pas Montesquieu à abandonner le terrain de la théorie politique pour se livrer à des recherches empiriques
incohérentes. Son étude des processus de formation des sociétés l'incite, au contraire, comme
nous l'avons constaté plus haut, à formuler un
certain nombre de lois naturelles de portée universelle, régissant de très haut les processus de
socialisation de l'homme. C'est par une démarche
de même nature que Montesquieu a été amené
à élaborer une première systématisation du droit
en général, en séparant le droit international
(« Droit des gens ») du droit interne, et en distinguant au sein de ce dernier le droit public du
droit privé (« Droit politique », « Droit civil »).
Enfin, il a procédé à une définition de l'Etat
(« Etat civil ») qui se veut universelle et qui,
loin d'être formelle, préjuge en quelque sorte sur
tout ce qui sera dit par la suite au sujet de la

typologie politique générale et au sujet des déterminismes sociologiques et historiques qui en déterminent les applications concrètes, au cours de l'évolution diversifiée et complexe des sociétés humaines.

Mais il est temps de reprendre à présent la définition mentionnée de l'Etat comme « réunion des volontés » et de l'expliquer à la lumière de ce qui a été dit précédemment au sujet de la méthode et de l'orientation globale de l'*Esprit des Lois.*

Comme toute autre institution humaine, l'Etat est régi par des lois, et en premier lieu par les lois de la nature, qui « dérivent uniquement de la constitution de notre être ». Ces lois prescrivent en quelque sorte les rapports possibles selon lesquels les hommes doivent organiser leur vie en commun. Cependant, les rapports possibles entre les hommes vivant en société sont impliqués, suivant le modèle, lointain mais non moins visible de la philosophie spinozienne, dans le déterminisme qui régit l'univers dans sa totalité et, pour cette raison, ils se différencient conformément aux règles d'une infinie spécification et variabilité qui caractérisent l'ensemble des productions naturelles — tout en se compliquant davantage du fait des implications, positives ou négatives, de l' « intelligence » et de l' « erreur » dans le cheminement et l'action des causes purement physiques. Ce processus aboutit nécessairement à ce résultat : chaque Etat a un contenu différent de celui de tous les autres, suivant les conditions particulières qui concourent à sa naissance et à son développement. Toutefois, tous les Etats ont ceci de commun : ils sont fondés sur la distinction entre gouvernants et gouvernés, et ils incarnent l'union de toutes

les forces et volontés particulières. De cette
union résulte, précisément, la « force générale »
(30), c'est-à-dire le pouvoir étatique un et indivisible : c'est ce que l'on appelle déjà dans
l'antiquité gréco-romaine, mais aussi et surtout
dans la théorie et dans la pratique des XVIIe et
XVIIIe siècles, l'Etat souverain ou la souveraineté
tout court ! L'on voit ainsi, que la notion d'Etat
souverain, clairement énoncée dès les premières
pages de l'*Esprit des Lois,* est posée logiquement
avant le problème des formes de l'Etat et du
gouvernement et conditionne désormais toutes
les solutions qui seront données ultérieurement
à ce problème. En effet, nous l'avons déjà
indiqué, Montesquieu qualifie d' « Etat civil »
non pas le simple fait de la distinction entre
gouvernants et gouvernés ni celui de la réunion
occasionnelle de toutes les « forces » de la
société, mais l'union de toutes les « volontés »,
la « force générale » étant, en définitive, le
produit d'une telle union des volontés. C'est un
problème second que celui de savoir entre les
mains de qui cette « force générale » sera placée,
la solution d'un tel problème dépendant toujours
d'une pluralité de facteurs — à l'étude desquels
l'*Esprit des Lois* est consacré en très grande
partie. Cependant, et quelle que soit l'infinie
variété des « causes » qui interviennent dans la
détermination de la forme réelle ou de la forme
optimale de chaque Etat, celui-ci demeure invariablement, dans l'esprit du philosophe, une
entité conceptuelle dont le caractère indivisible
ne laisse aucun doute. En fait, Montesquieu a
constamment sous les yeux, quand il étudie les
différentes formes d'Etat et de gouvernement,
l'Etat unitaire, tel qu'il a été élaboré par la
théorie politique moderne, de Bodin à Hobbes

et de ce dernier à Locke, à Spinoza et à Puffendorf (31). Il eût été plutôt absurde de penser
qu'un juriste de la taille de Montesquieu a ignoré
cette orientation toute puissante de la doctrine
pour imaginer l'Etat en général autrement que
comme une union effective de tous, gouvernants
et gouvernés au sein d'un ordre global, souverain
et indépendant. Tel était, par ailleurs, le caractère de toutes les grandes monarchies — à commencer par celle de la France au moment où
l'auteur de l'*Esprit des Lois* élaborait son livre.
Mieux encore; en se rendant en Angleterre et en
étudiant sa constitution, Montesquieu était à
même de discerner, au travers des expériences
politiques de ce pays, la naissance d'un nouveau
type de société politique globale, celle d'Etat
national. Pour acquérir une idée exacte de la
pensée de Montesquieu sur ce point, il faudrait
donc passer directement du livre premier au
livre XII et de celui-ci au livre XIX, sans négliger
les livres XIII et suivants où sont étudiées
quelques-unes des « causes morales » qui concourent à la formation du « caractère national ».
Dans cette partie de l'ouvrage, la « force générale » se présente distinctement à la fois comme
la présupposition logique de l'Etat en général et
comme le produit d'une union juridique et psychologique effective de toutes les volontés enga-
gées dans l'accomplissement d'un destin national
particulier.

Il y a certainement là un aspect particulièrement important de la politique de Montesquieu,
sur lequel nous aurons à insister plus longuement dans la suite de notre étude. Ce qui importe
de souligner dès à présent, c'est que l'auteur de
l'*Esprit des Lois* postule, dès les premiers pas de
sa vaste recherche, l'unité du pouvoir d'Etat;

mais il s'abstient volontiers d'y voir seulement,
à l'instar de ses prédécesseurs de l'école du Droit
de la Nature, une notion géométrique pure et
simple. Sans doute la souveraineté étatique est
elle-même un produit de la nécessité qui régit la
nature dans sa totalité. Or, la nécessité dont il
est question plus particulièrement dans le domaine du droit et de la politique ne se réfère pas
à des essences immuables, mais à des « rapports » qui déterminent, en dernière analyse,
l'existence concrète, variable et mouvante de
chaque Etat historiquement donné. Il est clair,
sous cet angle, qu'en opposition ouverte avec les
théoriciens de la philosophie géométrique, Montesquieu ne pose pas l'idée d'unité du pouvoir
d'Etat pour en faire un absolu et pour en déduire,
par voie logique, l'ensemble des principes et des
techniques de la politique. Ce qui importe à ses
yeux, c'est d'étudier les conditions selon lesquelles cette unité se réalise dans chaque Etat
historique concret, suivant la forme du régime
ou suivant une pluralité d'autres facteurs, physiques et moraux. Du même coup, le problème
des origines de l'Etat posé par la philosophie
géométrique se trouve déplacé du domaine de
l'abstraction à celui de l'étude empirique des
processus selon lesquels ce qui est seulement
possible d'après les lois générales de la nature
devient historiquement et sociologiquement nécessaire, lorsque les conditions appropriées sont
réunies. Ce qui est propre, en effet — et tout à
fait original —, dans la pensée politique de
Montesquieu, c'est d'avoir considéré la « force
générale » ou, plus exactement, la « volonté
générale » (32) comme un fait dont la signification et la portée sont déterminées à la fois et
en quelque sorte conjointement et solidairement,

par les lois ontiques de la nature (« causes physiques ») et par les lois historiques de la société (« causes morales »). L'idée de « distribution des pouvoirs », loin d'être une doctrine élaborée au hasard, à propos d'un Etat déterminé, l'Angleterre, s'insère elle-même dans un tel projet de recherche politique originale et cohérente, tendant à expliquer positivement et concrètement l'unité potentielle de l'Etat posée au départ.

Nous examinerons plus loin certains aspects fondamentaux de l'action des causes physiques sur la matière politique. Auparavant, nous devons nous arrêter à cette catégorie particulière de causalité, à laquelle Montesquieu réserve le nom de « lois de la liberté ». Ce sont ces lois, en effet, qui nous permettent de mieux comprendre ce que le philosophe entend par le terme Etat ou « Etat civil », envisagé jusqu'ici comme une « réunion de volontés ».

On a souligné, plus d'une fois, que la notion de liberté constitue le vrai fondement de la théorie politique de Montesquieu (33). Mais l'on a confondu aussi, le plus souvent, cette théorie avec les vagues aspirations idéologiques d'une classe sociale ou d'un parti qui a inclus à son programme la « séparation des pouvoirs ». Il est naturel, toutefois, de nous demander préalablement quelle pourrait être vraiment la place de la liberté dans un système qui veut tout expliquer suivant des lois « qui dérivent de la nature des choses » et s'analysent strictement en forme de « rapports nécessaires ».

On serait tenté peut-être de rechercher la liberté dans cette partie faible de l'intelligence humaine qui fait que l'homme apparaît comme étant l'être le moins parfait de la nature, si par

perfection on entend, avec Montesquieu, la
faculté d'agir en conformité avec les lois de son
être (34). Pourtant, nous savons que l'intelligence, tout en impliquant un écart certain par
rapport à la rationalité de la nature physique, ne
se confond en aucune façon avec le libre arbitre,
en particulier en ce qui concerne l'imbrication
nécessaire des individus dans la société civile et
dans l'Etat. Nous avons ainsi pu dégager dès le
début un processus naturel inéluctable, qui
conduit justement les hommes à la vie en société
et à cette « réunion des volontés » que nous
avons appelée l' « Etat civil ». Cela nous permet
de penser que la liberté possède désormais une
signification éminemment sociale et, en particulier, une signification juridique et politique très
précises. Ainsi que tout autre objet de connaissance, la liberté est soumise, en tout cas, à des
lois objectives, « qui dérivent de la nature des
choses », et non pas à des concepts *a priori* ou à
des appréciations subjectives. En ce sens, Montesquieu peut parler de « lois de la liberté », dans
un sens parfaitement objectif, sans point s'écarter des prémisses méthodologiques fondamentales de son livre.

 Les « lois de la liberté » peuvent être distin-
guées en deux catégories, celles qui ont trait à
la constitution, au sens général et matériel du
terme, et celles qui concernent directement la
« liberté du citoyen » (35). Avant d'étudier d'une
manière plus approfondie la liberté politique
« dans son rapport avec la constitution », qui
occupe, à ne pas douter, sur le plan de la technique constitutionnelle, une importance prépondérante, il est utile de nous arrêter brièvement
sur « la liberté politique dans son rapport avec
le citoyen », quitte à compléter plus loin cet

examen. Il convient, toutefois, de rappeler auparavant que l'auteur de l'*Esprit des Lois* souligne lui-même, avec beaucoup d'insistance, l'importance de la distinction entre ces deux concepts de liberté. Il est parfaitement possible, écrit-il, de posséder l'une d'entre elles, sans jouir de l'autre : « Il pourra arriver que la constitution sera libre, et que le citoyen ne le sera point. Le citoyen pourra être libre, et la constitution ne l'être pas. Dans ce cas, la constitution sera libre de droit, et non de fait; le citoyen sera libre de fait » (36). C'est que la liberté de la première espèce ne dépend que de la constitution elle-même, tandis que la liberté du citoyen dépend directement, non seulement de l'aménagement constitutionnel de l'Etat, mais aussi d'une pluralité d'autres facteurs tels que les coutumes, les usages, ainsi que de diverses causes historiques ou psychologiques plus ou moins occasionnelles, qui contribuent à modeler de telle ou telle manière précise le caractère de chaque peuple.

Quand on aura pesé tous ces différents facteurs, on pourra conclure que « la liberté politique du citoyen consiste dans sa sûreté, ou du moins dans l'opinion que l'on a de sa sûreté » (37). En parlant de sûreté, le philosophe n'entend pas uniquement la sûreté de la personne au sens juridique strict du terme. Certes, fait-il remarquer, la liberté politique du citoyen dépend principalement des lois criminelles, ce qui comprend, d'ailleurs, non seulement les procédures visant à protéger l'individu contre les poursuites illégales, mais l'ensemble des garanties accordées à l'homme sous l'angle du droit pénal en général (38). De fait, en développant le concept de « liberté politique du citoyen », Montesquieu

pense bien plutôt à la liberté fondamentale de la
personne humaine, dont il s'efforce d'assurer le
respect par un ensemble de prescriptions dont
la portée dépasse de loin le droit de sûreté strict,
et qui projettent déjà l'essentiel des futurs
« droits et libertés du statut négatif » (39). Il
s'agirait bien moins, d'autre part, de liberté
« politique » proprement dite ou de liberté-
participation (40), au sens actuel de ces termes,
que de liberté individuelle tout court, érigée en
critère super-positif du droit et de l'Etat et
annonçant, très visiblement, les futures « Décla-
rations des droits de l'homme », y compris, sous
certains rapports, l'égalité de tous devant la
loi (41). Nous verrons un peu plus loin dans
quel contexte politique très précis l'auteur de
l'*Esprit des Lois* envisage l'application la plus
entière de cette liberté. Nous pouvons, néanmoins, faire remarquer d'ores et déjà qu'il nous
serait désormais interdit de nous prononcer
sur le contenu réel de la théorie politique de
Montesquieu, aussi bien que sur ses aspirations
idéologiques véritables, sans tenir compte de
cette liaison indissoluble entre la « liberté d'après
la constitution » et la « liberté du citoyen ».

Les lois de la « liberté politique dans ses
rapports avec la constitution » se situent, ainsi
qu'il a été dit plus haut, sur un autre plan, celui
de l'aménagement constitutionnel des compétences. La liberté dont il est question sous ce
rapport possède une signification à la fois plus
technique et plus formelle. Voyons de plus près
quel pourrait en être le contenu essentiel.

En distinguant, notamment au chapitre premier du livre douze, la « liberté politique d'après
la Constitution » de la « liberté du citoyen »,
Montesquieu précise que la première « est formée

par une certaine distribution des trois pouvoirs ». En fait, il s'agit bien là d'une condition de réalisation, essentielle sans doute, de la « liberté politique d'après la Constitution », mais non pas d'une définition proprement dite de cette liberté. Pour accéder à une telle définition, il convient de remonter à ce qui a été dit plus haut sur les lois constitutives de l'Etat en général.

Comme nous le faisions remarquer précédemment, l'Etat souverain (« Etat civil ») est la réunion de toutes les volontés sous l'égide du « Droit politique » et du « Droit civil ». La liberté y apparaît, sous cet angle, nécessairement comme une dépendance d'un genre particulier ou, plus exactement, comme le bien qui résulte d'une telle dépendance. En effet, ayant passé en revue différentes définitions de la liberté politique (42), Montesquieu aboutit finalement à cette définition de la liberté objective : « Il est vrai que dans les démocraties, le peuple paraît faire ce qu'il veut; mais la liberté politique ne consiste point à faire ce que l'on veut. Dans un état, c'est-à-dire dans une société où il y a des lois, la liberté ne peut consister qu'à pouvoir faire ce que l'on doit vouloir, et à n'être point contraint de faire ce que l'on ne doit pas vouloir. Il faut se mettre dans l'esprit ce que c'est que l'indépendance et ce que c'est que la liberté. La liberté est le droit de faire tout ce que les lois permettent; et si un citoyen pouvait faire ce qu'elles défendent, il n'aurait plus de liberté, parce que les autres auraient tout de même ce pouvoir » (43).

Il serait erroné de penser que Montesquieu confond, ici, naïvement et dans un esprit de pur conformisme, la liberté politique avec la légalité stricte, c'est-à-dire, pratiquement, avec l'obéissance aveugle aux lois, sans tenir compte de leur contenu. Comme nous l'avons noté, il ne s'agit ici que de liberté objective; cette liberté s'analyse en un ensemble de conditions objectivement nécessaires pour que la liberté de la deuxième catégorie — la plus essentielle —, celle du « citoyen », soit réelle et effective. Si la « liberté d'après la constitution » implique la légalité, cette légalité est posée à son tour comme la condition formelle de la « liberté du citoyen »; elle ne possède donc, juridiquement et politiquement, aucun sens, si ce n'est par rapport à cette liberté. C'est l'opposé direct du conformisme et c'est aussi la recherche, par-delà le formalisme positiviste et légaliste, de modèles ou de structures susceptibles d'accorder à la « liberté du citoyen » un contenu plus pragmatique et plus sûr que ne l'eussent permis, jusqu'à l'avènement de Montesquieu, les formules par trop générales et abstraites de la géométrie politique du rationalisme.

En conduisant à son terme cette difficile recherche, Montesquieu se trompera, certes, plus d'une fois dans ses appréciations sur le caractère plus ou moins libéral et humanitaire des différents régimes qu'il a étudiés. Ayant établi au départ un certain nombre de critères rationnels, en vue de classer les régimes politiques par rapport au degré de liberté dont ils sont capables, au double point de vue de la « liberté d'après la constitution » et de la « liberté du citoyen », il sera souvent la victime involontaire de la rigueur de ces critères ou du caractère erroné de leur application. Il trouvera tour à tour des termes admiratifs pour la démocratie solonienne, pour la république romaine — avant le glissement de celle-ci vers l'ochlocratie —, et pour la consti-

tution germanique primitive, mais il fera aussi
la louange des monarchies « modérées » de
l'Europe moderne et de cette constitution originale de l'Angleterre du XVIIIᵉ siècle, qui bouscule,
cependant, à ses yeux, sur plus d'un point, les
principes sacro-saints de la « modération » et
qui ouvre déjà toutes larges les perspectives
redoutables de l' « Etat populaire ». Il n'en
demeure pas moins que dans toutes ces analyses,
vraies ou fausses, le souci principal, constant,
opiniâtre de Montesquieu sera celui de dépasser
le conformisme positiviste et de découvrir, dans
la variété même des idées et des institutions que
lui révèle sa vaste vision sociologique de la
matière politique, le principe d'une liberté substantielle, à la fois juridique et psychologique,
pouvant servir de critère à un classement systématique de l'ensemble des régimes politiques
connus. Ce faisant, Montesquieu parviendra à
substituer à la géométrie politique antérieure,
fondée unilatéralement sur les principes hypothétiques de la psychologie rationnelle, une
science politique rénovée dans ses dimensions
les plus essentielles. Nous pourrons désormais
étudier les points les plus significatifs de cet
effort de rénovation.

NOTES DU CHAPITRE I

(1) Cette unité possède une importance capitale, dans
la pensée de Montesquieu, quand on l'envisage surtout
sous l'angle de l'idée d'Etat national, telle qu'elle apparaît
notamment à travers les spéculations du philosophe sur
l'Angleterre. Cf. *ci-dessous*, chap. V. Louis ALTHUSSER,
op. cit., p. 65, reconnaît que Montesquieu a surtout sous
les yeux le grand Etat moderne, mais il est loin d'en
tirer toutes les conclusions qui s'imposent à partir de
cette constatation première : le principe d'unité du pouvoir étatique n'exclut pas seulement *a priori* toute inter-

prétation organique rigide du principe de la « distribution des pouvoirs » ; sans être exclusif d'un certain
degré de pluralisme politico-social, il pose également
certaines limites à toute idée de décentralisation, horizontale ou verticale, à outrance et implique, au contraire,
la nécessité d'une synthèse organique des intérêts sociaux
diversifiés à partir du postulat d'unité fondamentale du
pouvoir d'Etat.

La théorie moderne de la souveraineté est sous-enten-
due tout le long de l'*Esprit des Lois,* quoique ses implications pratiques n'y soient pas toujours identiques à
celles d'un Bodin ou d'un Hobbes. En tout état de cause,
il serait inconcevable, ainsi que nous aurons l'occasion
de le montrer par la suite, de ramener la politique de
Montesquieu à l'idée pure et simple de la « société des
états » ou du *Ständestaat.* Sur l'évolution vers l'idée de
l'Etat unitaire, à travers et au-delà de la doctrine de la
souveraineté monarchique, voyez Otto v. Gierke, *Johanes
Althusius,* 3ᵉ éd., 1913, p. 88 et suiv., 194 et suiv., ainsi
que l'ouvrage de Robert Derathé, *Jean-Jacques Rousseau
et la tradition du droit naturel* (Bibl. de la Science politique, 2ᵉ série, nᵒ 2), Paris, 1951, p. 248 et suiv. Cf. également Erik Wolf, *Grosse Rechtsdenker der deutschen
Geistesgeschichte,* 1939, p. 199 et suiv., 253 et suiv., ainsi
que A. Gardot, « De Bodin à Montesquieu », dans *Montesquieu, sa pensée politique,* etc., p. 41 et suiv. Sur la
notion d'Etat et son unité, chez Montesquieu, il serait
utile de se référer, également, à son éloge de la politique
de Charlemagne et à sa critique de l'anarchie féodale.
Voyez *Mes Pensées,* nᵒ 1302 ; *Esprit des Lois,* XXXI, 18.

(2) Livre 1ᵉʳ, chap. 3.

(3) *Ibid.*

(4) *Ibid.*

(5) Cf. *ci-dessous,* dans ce chapitre, à propos de la
« liberté du citoyen ».

(6) *Ibid.* Les mots en italiques sont soulignés par Montesquieu.

(7) Cf. *ci-dessous,* note 19. Il semble bien, par ailleurs,
que sa pensée a évolué entre les *Lettres persanes* et
l'*Esprit des Lois.* Dans les premières (lettre 44), il écrivait notamment : « Je n'ai jamais ouï parler du droit
public, qu'on ait commencé par rechercher soigneusement
quelle est l'origine des sociétés : ce qui me paraît ridicule.
Si les hommes n'en formaient point, s'ils se quittaient et
se fuyaient les uns les autres, il faudrait en demander la
raison et chercher pourquoi ils se tiennent séparés. Mais
ils naissent tous liés les uns aux autres ; un fils est né

auprès de son père et il s'y tient : voilà la société et la cause de la société. » L'*Esprit des Lois* donne une explication beaucoup plus nuancée, ainsi que nous l'indiquons dans notre texte. Sur l'ensemble de ces questions, voyez Georges VLACHOS, *La pensée politique de Kant,* p. 297 et suiv., où la littérature plus ample du sujet.

(8) L'idée du contrat apparaît, au contraire, chez Montesquieu, sous une forme historique, à propos de la communauté politique particulière des Anglais, communauté qui justifie mieux que toute autre, dans la perspective de l'*Esprit des Lois,* la définition de l'Etat comme une « réunion des volontés ». Voyez notamment ce passage du livre XIX, chapitre 27 : « Les lois n'y étant pas faites pour un particulier plus que pour un autre, chacun se regarderait comme un monarque; et les hommes, dans cette nation, seraient plutôt des confédérés que des concitoyens. » La notion du contrat intervient, toutefois, implicitement, dans l'idée d'un droit légitime de résistance (cf. *ci-dessous,* note 15), ainsi que dans la théorie de l'impôt exposée par le philosophe (*Esprit des Lois,* liv. XIII, chap. 1; liv. XXIII, chap. 2).

(9) *Two Treatises of Government,* chap. V, § 47 et suiv.

(10) Montesquieu répudie ouvertement cette hypothèse. Voyez *ci-dessous,* dans notre texte. Sur les différentes conceptions du XVIIᵉ siècle concernant l'état de nature, ainsi que sur leur influence sur la pensée du XVIIIᵉ siècle, voyez Robert DERATHÉ, *op. cit.,* p. 125 et suiv.; Georges VLACHOS, *Essai sur la politique de Hume,* Paris, Domat-Montchrestien, 1955, p. 37 et suiv.; *La pensée politique de Kant,* p. 297 et suiv.

(11) *De iure naturae et gentium,* liv. II, § 8, 9, 11, liv. VII, c. I, 7.

(12) LIV. Iᵉʳ, chap. 2. Cf. *Lettres persanes,* lettre 94, éd. H. BARCKHAUSEN, 1913, p. 179, où Montesquieu répudie l'idée d'isolement de l'homme primitif.

(13) Cette hypothèse a été défendue, *mutatis mutandis,* par Hume (voyez G. VLACHOS, *Essai sur la politique de Hume,* p. 62 et suiv.). Elle a été reprise plus tard par KANT, dans son étude : *Mutmasslicher Anfang der Menschengeschichte,* éd. Karl Vorländer, 1923, p. 60-61.

(14) *Œuvres de Spinoza,* trad. franç., 1928, III, p. 291-292 (lettre à Jaring Jelles). Cf. J.-J. CHEVALLIER, « De la distinction établie par Montesquieu entre la faculté de statuer et la faculté d'empêcher », *Mélanges M. Hauriou,* 1928, p. 141.

(15) Liv. I, chap. 3. Cette idée possède une signification dialectique. Elle implique, d'une part, la nécessaire soumission des volontés à des lois civiles, mais elle permet en même temps, d'autre part, de concevoir la liberté individuelle et le pouvoir de contestation et de critique comme des éléments inhérents au concept de société fondée sur le droit. Voyez notamment à ce sujet *Mes Pensées*, nº 224, où Montesquieu justifie le droit de résistance sur la base d'une répudiation en règle du contrat de renoncement prôné par Hobbes. Cf. aussi cette réflexion : « Il n'y a pas de bon sens de vouloir que l'autorité du prince soit sacrée, et que celle de la Loi ne le soit pas » (*ibid.*, nº 1252).

(16) *Ibid*. Ce thème est développé au liv. XXVI, chap. 20 et suiv. Montesquieu y fait appel, en premier lieu, au principe selon lequel « la liberté consiste à ne pouvoir être forcé à faire une chose que la loi n'ordonne pas », pour en déduire que les princes, du fait même qu'ils ne vivent pas sous l'empire de lois civiles en ce qui concerne leurs rapports réciproques, ne sont pas libres, étant « gouvernés par la force ». Ce qui veut dire, en termes un peu différents, qu'ils vivent dans un « état naturel », et, dès lors, qu'ils le veuillent ou non, ils sont obligés d'exécuter les contrats qui leur sont imposés par la violence. Aux dires de l'auteur de l'*Esprit des Lois*, des situations de cette nature demeurent irréductibles à la logique et aux règles du droit interne : « ... un prince, qui est toujours dans cet état dans lequel il force ou il est forcé, ne peut pas se plaindre d'un traité qu'on lui a fait faire par la violence. C'est comme s'il se plaignait de son état naturel ; c'est comme s'il voulait être prince à l'égard des autres princes, et que les autres princes fussent citoyens à son égard ; c'est-à-dire choquer la nature des choses » (*ibid.*, chap. 20).
Cet aspect d'hétérogénéité absolue entre le droit international et le droit interne montre à l'évidence combien la pensée juridique de Montesquieu est tributaire du positivisme, en dépit de l'inflexion sociologique de sa méthode. Bien qu'elle rejette, ainsi que nous aurons l'occasion de le constater plus loin (*ci-dessous*, chap. V), toute notion de raison d'État et demeure toujours attachée à l'esprit cosmopolitique et à la paix entre les nations, elle ne laisse en fait aucune issue vers une conception constructive de l'ordre international dans l'idée générale du fédéralisme. Cependant, contrairement à certaines allégations maintes fois répétées depuis deux siècles, il n'y a dans cette attitude, en apparence double, ni contradiction logique ni inconséquence morale, et encore moins de machiavélisme systématique. En faisant appel à la conception précédemment exposée du Droit des Gens, Montesquieu croit, tout simplement, y trouver, en

premier lieu, une base théorique suffisante pour assurer le respect des immunités diplomatiques (*ibid.*, chap. 21); il pense, en second lieu, être ainsi en mesure de condamner les pratiques cruelles des conquérants espagnols à l'égard des princes indigènes d'Amérique, du fait que ces derniers ont été condamnés par leurs conquérants non pas selon les principes du Droit des Gens, mais en vertu de leurs propres lois civiles, injustement transposées en dehors de leur juridiction normale. Au-delà de ces arguments, ce que Montesquieu vise surtout en défendant l'autonomie du Droit des Gens, c'est la préservation et le respect de l'identité nationale et de l'indépendance de chaque Etat. Il le dira très clairement en faisant le procès de l'impérialisme économique et du colonialisme (*ci-dessous*, chap. V); mais il le dit aussi quand il se penche sur les conséquences que peut engendrer pour un « grand Etat » un ordre de succession qui ferait dépendre cet Etat de la volonté du souverain d'un autre Etat. Face à une pareille situation, écrit Montesquieu (liv. XXVI, chap. 28), la règle à appliquer est que « le salut du peuple est la loi suprême », ce qui veut dire proprement que l'Etat dont l'indépendance est en danger reprend les droits d'autonomie que lui réserve le Droit des Gens et peut exclure ou faire renoncer un tel prétendant au trône. Il est intéressant de constater que, pour arriver à cette conclusion, Montesquieu invoque tour à tour deux sortes d'arguments. En premier lieu, l'idée d'intérêt propre de l'Etat voulant s'émanciper d'une telle tutelle : « On sait que l'Etat a intérêt d'avoir son chef chez lui, que les revenus publics soient bien administrés, que sa monnaie ne sorte point pour enricher un autre pays » (*ibid.*). Ensuite, l'idée d'individualité même de chaque peuple, individualité fondée sur la tradition et l'accoutumance : « Il est important que celui qui doit gouverner ne soit point imbu de maximes étrangères; elles conviennent moins que celles qui sont déjà établies; d'ailleurs, les hommes tiennent prodigieusement à leurs lois et à leurs coutumes; elles font la félicité de chaque nation; il est rare qu'on les change sans de grandes secousses et une grande effusion de sang, comme les histoires de tous les pays le font voir » (*ibid.*). Nonobstant cette réserve de prudence, l'idée d'identité nationale, jointe à celle de liberté humaine fondamentale, dont nous aurons à parler à nouveau plus loin, devrait logiquement conduire Montesquieu à l'admission du principe d'autodétermination des peuples. Il y aurait toute une étude à faire sur ce problème, en liaison avec l'idée d'Etat multinational, dont l'auteur de l'*Esprit des Lois* n'ignore point la réalité ou l'importance. Voyez notamment, *ibid.*, liv. XXVIII, chap. 2 (à propos des lois barbares) : « Tous ces peuples, dans leur particulier, étaient libres et indépendants; et, quand ils furent mêlés, l'indépendance resta encore. La patrie était commune, et la république particulière; le territoire était le même, et les nations diverses. »

(17) *Ibid.* Cette conception semble être liée, dans l'esprit de Montesquieu, aux idées nouvelles répandues en Europe à partir des conceptions de Bernard Mandeville concernant les effets bienfaisants des sentiments et des passions égoïstes. En faisant partiellement sienne cette idée, Montesquieu en transpose l'application dans le domaine de la politique et, en particulier, dans l'explication des origines de la société, ainsi que dans l'analyse des « principes » qui régissent les différents régimes politiques, sur lesquels nous aurons à nous étendre plus loin. Notons toutefois, dès à présent, que le « principe » qui anime en particulier la monarchie, c'est-à-dire l' « honneur », n'est lui-même qu'une forme spéciale de « vanité » (liv. III, chap. 7). Derrière cette qualification se trouve l'idée générale que l'égoïsme et la vanité produisent, tout comme dans la *Fable des Abeilles,* « des biens sans nombre » (liv. XIX, chap. 10). La portée de cette idée n'est pas, toutefois, illimitée dans la pensée politique et sociale du philosophe. Comme le fait remarquer Jean EHRARD (*L'idée de nature,* p. 378 et suiv.), Montesquieu s'attache autant à l'idée de vertu et de sacrifice volontaire et conscient qu'à celle d'automatisme d'essence naturaliste; et, dès lors, « deux morales s'affirment... dans l'*Esprit des Lois :* la première place la vertu dans le sacrifice de soi; la seconde fait confiance à l'ordre général du monde pour résoudre de lui-même les contradictions de ses parties ». De fait, Montesquieu s'efforce constamment de tenir compte à la fois de l'une et de l'autre de ces inclinations fondamentales, selon des formules qui varient d'une expérience historique à l'autre.

(18) Liv. Ier, chap. 2. Il ne faudrait pas penser que Montesquieu adhère ainsi à la doctrine des droits naturels innés, exposée, quelques décades auparavant, par Locke. Cette doctrine avait déjà été taillée en pièces par Hume (cf. notre *Essai sur la politique de Hume,* p. 30 et suiv.), et Montesquieu n'a pas éprouvé le besoin de s'y arrêter à nouveau soit pour la défendre, soit pour la réfuter. S'il postule néanmoins, de son côté, une idée de liberté fondamentale en faveur de tout homme, ainsi que nous pourrons le constater dans les développements ultérieurs de notre étude, il n'en envisage en fait la réalité que dans la société et selon l'idée de réciprocité des droits et des devoirs. Finalement, l'idée de communauté jouera dans son esprit un rôle aussi déterminant que celle d'individu et de liberté fondamentale.

(19) Liv. Ier, chap. 2.

(20) Tout en le dépassant et, à certains égards, en l'inversant entièrement. Cf. Louis ALTHUSSER, *op. cit.*, p. 15 et suiv. Parlant des grands rationalistes, cet auteur écrit notamment : « Ils analysent l'essence de la société et en donnent un modèle idéal et abstrait. On peut dire : leur science est séparée de la science de Montesquieu par la même distance qui sépare la physique spéculative d'un Descartes de la physique expérimentale d'un Newton. L'une atteint directement dans les essences ou natures simples la *vérité a priori* de tous les faits physiques possibles, l'autre part des faits, observant leurs variations pour en dégager des *lois* ». Cependant, dans la suite de ses développements (*ibid.* et p. 21 et suiv.), L. Althusser pense que la différence de méthode est consécutive à un changement dans l'objet même de la science politique. Pour les rationalistes, l'objectif premier serait de changer un ordre social (féodal) — à leurs yeux contradictoire — en invoquant notamment les hypothèses de l'état de nature et du contrat social. Montesquieu, au contraire, aurait rejeté ces hypothèses et aurait mis à leur place l'hypothèse d'un instinct de sociabilité naturel. M. Althusser y voit « un parti pris de type féodal », de la part de l'auteur de l'*Esprit des Lois*. En fait, comme nous le faisons remarquer dans notre texte, la position de Montesquieu sur les origines de la société et de l'Etat est beaucoup plus nuancée et, dans une certaine mesure, elle se rapproche de celle de Spinoza (hypothèse de la guerre de tous contre tous après la formation de l'Etat, etc.). En outre, l'idéal politique des rationalistes n'est pas identique, les uns inclinant vers l'absolutisme (Hobbes), les autres vers la démocratie (Spinoza). Enfin, si les adeptes du rationalisme avaient invoqué la théorie individualiste du contrat social pour changer la politique, c'est parce qu'ils croyaient que la société pourrait être bâtie entièrement à partir des forces individuelles, c'est-à-dire sur la base d'un calcul fondé entièrement sur les prémisses de l'atomisme. Or, il se trouve que cette conception est déjà dépassée — sur le plan de la physique et sur celui de l'histoire —, au moment où Montesquieu élabore sa propre conception de la société et de l'Etat. Réduire ses idées concernant l'état de la nature et le contrat social à un simple « parti pris de type féodal », c'est méconnaître les changements que la physique newtonienne a déterminés, au début du XVIIIe siècle, dans tous les domaines de la pensée. Cf. C. VAUGHAN, *History of political philosophy*, II, 1939, p. 253 et suiv.

(21) Liv. Ier, chap. 1. Cette vision déterministe du monde est déjà adoptée ouvertement au chapitre XVIII des *Considérations :* « Ce n'est pas la fortune qui domine le monde... Il y a des causes générales, soit morales soit physiques... » Cf. R. ARON, *op. cit.*, p. 28. Faudrait-il

penser, au contraire, que Montesquieu cède à l'idée de contingence, en matière politique et sociale ? Voyez, à ce sujet, E. Durkheim, *op. cit.*, p. 85 et suiv.

(22) *Ibid.*

(23) Louis Althusser, *op. cit.*, p. 34 et suiv., propose successivement deux interprétations possibles de la pensée de Montesquieu. D'après la première, en invoquant les écarts entre ce qui est dû à la nature (« les lois que Dieu a établies ») et ce qui est dû à l'erreur, l'auteur de l'*Esprit des Lois* aurait simplement voulu établir la possibilité d'une critique des lois positives à partir d'une connaissance approfondie des lois scientifiques. Suivant la seconde, la distinction servirait plutôt à fixer la condition humaine conformément à une « loi-ordre », dogmatique, d'essence théologique et destinée à écarter définitivement l'arme révolutionnaire du contrat social (cf. *ci-dessus*, note 19). Cette seconde interprétation nous paraît inacceptable. Les spéculations théologiques de l'*Esprit des Lois* ne sont en fait que des précautions à peine déguisées à l'égard de la censure. La divinité y laisse toujours la nature libre de toute ingérence du supra-sensible dans le sensible. La finalité naturelle est elle-même réduite à un complexe indéterminé de « rapports nécessaires », que l'on aurait du mal à ramener à des concepts supra-terrestres. Les passages de la *Défense* qu'invoque Althusser, *ibid.*, p. 41, ne possèdent, de leur côté, aucune valeur démonstrative. Nous inclinons donc à penser que c'est la première interprétation qui est la vraie. Le philosophe s'est d'ailleurs obstinément refusé à déférer aux exigences de la censure. Cf. Jean Brethe de la Grassaye, « Introduction » à son édition de l'*Esprit des Lois*, p. lxii et suiv.

(24) Montesquieu s'est défendu lui-même vigoureusement, notamment dans sa *Défense de l'Esprit des Lois* (éd. R. Dérathé, II, p. 411 et suiv.), contre l'accusation de spinozisme, mais l'influence du philosophe hollandais est visible sur l'ensemble de son œuvre. Cf. la note précédente. A propos de l'influence de Spinoza sur les écrits de jeunesse de Montesquieu, voyez J. Ehrard, *Montesquieu*, p. 97-98. Cf. Paul Vernière, *Spinoza et la pensée française avant la Révolution*, t. I-II, Paris, 1954.

(25) Notamment dans son *Traité théologico-politique*. Cependant, Montesquieu fait de l'idée de relativité le fondement d'un système comparatif complet des idées et des institutions. A l'hypothèse du rationalisme métaphysique au sujet de l'existence de lois naturelles régissant uniformément l'ensemble des sociétés humaines, il

oppose l'idée que les êtres humains sont soumis, en tant qu'individus et en tant que groupes, à un certain nombre de causes, « physiques » et « morales », dont l'action sur les institutions juridiques et politiques ne saurait être connue et expliquée sans le concours de l'histoire, de la géographie, de l'ethnologie comparative et des autres branches de la science sociale. L' *esprit des lois* » que Montesquieu veut rendre explicite dans son ouvrage n'est pas autre chose que la connaissance approfondie du droit et de l'Etat, tels qu'ils sont donnés historiquement, à la lumière de cette causalité et de cette interdépendance plus larges. Prédécesseurs du philosophe sont, à cet égard, en dehors d'Aristote, de Bodin et de Spinoza, les empiristes anglais et en particulier Hume (cf. notre *Essai sur la politique de Hume,* chap. I-II, notamment p. 34). Sur les limites de cette orientation méthodologique, voyez les Conclusions de la présente étude. Sur la méthode de Montesquieu, voyez, outre la dissertation d'Emile Durkheim précédemment citée, Gustave LANSON, « Le déterminisme historique et l'idéalisme social dans l'*Esprit des Lois* », *Revue de Métaphysique et de Morale,* janv. 1916, p. 177-202; Fr. MEINECKE, *op. cit.,* p. 125 et suiv.; S. GOYARD-FABRE, *op. cit.,* p. 57 et suiv.; E. DURKHEIM, *op. cit.,* p. 95 et suiv.; G. DAVY, « Sur la méthode de Montesquieu », *Revue de Métaphysique et de Morale,* 1939, p. 580-583.

(26) G. VLACHOS, *Essai sur la politique de Hume,* p. 232 et suiv. L'influence de Hume sur Montesquieu a été considérable, à côté de celle des auteurs que signale S. GOYARD-FABRE, *ibid.*

(27) Cf. Fr. MEINECKE, *ibid.*

(28) Liv. Ier, chap. 3. Cette remarque ne fait que rendre encore plus fructueuse la méthode d'étude comparative des institutions. L'ensemble des régimes politiques sont régis, d'ailleurs, par des principes qui, tout en étant communs à tous, se diversifient cependant au cours de leur application, à la suite de l'intervention de causes plus particulières et concrètes.

(29) De fait, entre les « causes physiques » et les « causes morales » (sociales et morales), il y a interaction, et de cette interaction résulte le « caractère national » ou « esprit général » de chaque peuple, dont la cristallisation dans les « mœurs » en assure la solidité et la permanence. A certains égards, les mœurs sont donc plus importantes que les lois. Montesquieu écrivait déjà dans les *Considérations :* « ... plus d'États ont péri parce qu'on a violé les mœurs que parce qu'on a violé

les lois » (ch. VIII). Dans l'*Esprit des Lois,* il est établi surtout une réciprocité étroite entre les mœurs, d'une part, et la vitalité ou la « corruption » du principe de chaque régime politique, de l'autre. La réciprocité entre les causes morales et les causes physiques en général est mise en relief, par ailleurs, dans un *Essai* rédigé en 1750 et publié seulement en 1892. Voyez J. EHRARD, *La politique de Montesquieu,* p. 60. A noter, également, que l'idée d' « esprit général » ou de « caractère national » émerge déjà dans les écrits de jeunesse de Montesquieu. Voyez notamment l'écrit intitulé : *De la Politique* (1725), publié en 1892, où il est question du « caractère commun » de chaque peuple. Toujours est-il que Montesquieu a le plus souvent soit surestimé, soit mal évalué la portée des causes physiques et, en particulier, celle du « climat » sur la formation du caractère national, des mœurs, ainsi que des idées et des institutions correspondantes. Ces différentes causes naturelles viennent suppléer, dans une certaine mesure, au défaut, dans sa pensée politique et constitutionnelle, d'une authentique dynamique sociale apte à éclairer les changements, réels ou virtuels, au niveau idéologique et institutionnel. C'est un sujet sur lequel nous aurons à revenir plus loin. Cf., sur le même sujet, R. ARON, *op. cit.,* p. 50-51, ainsi que les critiques, peut-être excessives, d'Emile DURKHEIM, *op. cit.,* p. 85, à propos de la distinction établie par Montesquieu entre les lois et les mœurs.

(30) *Ibid.* C'est à la suite de ces processus que les lois positives (liv. Ier, chap. 3) se différencient en systèmes séparés — et non pas en vertu d'une radicale hétérogénéité ou opposition vis-à-vis des lois de la nature. Cf. E. DURKHEIM, *ibid.,* p. 50 et suiv.

(31) Cf. *ci-dessus,* note 1.

(32) Le philosophe emploie déjà le terme de « volonté générale de l'Etat », cette volonté étant exprimée par la législation : *Esprit des Lois,* liv. X, chap. 6. Quand on pense, par ailleurs, que la loi est, en régime démocratique (formellement égalitaire), « règle générale et impersonnelle » (cf. *ci-dessus,* dans notre texte), on conclut sans difficulté que l'ouvrage de Montesquieu contient en puissance les principaux éléments de la doctrine de Rousseau. Quoique ce dernier ait largement puisé dans l'*Esprit des Lois* et souscrit, en outre, avec quelques corrections, à l'idée de relativité sociologique et historique des régimes politiques (*Contrat social,* liv. III, chap. 8; liv. II, chap. 11), il a toutefois pris soin d'écarter toute hypothèse de séparation organique des pouvoirs susceptible de porter atteinte à l'intégrité de la « volonté générale ».

Mais il est vrai que Rousseau raisonnait dans la perspective du régime de démocratie directe, applicable dans un
petit Etat, tandis que Montesquieu a surtout en vue,
quand il s'efforce de pratiquer la synthèse de la « volonté
générale » et du principe de « distribution des pouvoirs »,
un grand Etat national, l'Angleterre.

(33) J.-J. CHEVALLIER, « De la distinction établie par
Montesquieu, etc. », *loc. cit.*, p. 141, a tenu compte de
cette idée dans l'analyse d'un point particulier de la
pensée constitutionnelle du philosophe. Il en a donné une
exposition plus globale dans une étude postérieure intitulée « Montesquieu ou le libéralisme aristocratique »,
Revue internationale de philosophie, 1955, 3-4, où il a
souligné avec raison le caractère large et généreux que
revêt le libéralisme de Montesquieu, notamment à travers
les analyses que celui-ci a consacrées à la constitution
anglaise. Très justement, par ailleurs, Charles EISENMANN,
« La pensée constitutionnelle de Montesquieu », *loc. cit.*,
p. 155, fait observer que l'idée de liberté ne se confond
pas dans l'esprit du philosophe, avec le respect de la
légalité dans l'exécution des lois, mais concerne aussi et
surtout la limitation du pouvoir suprême, y compris le
législateur. Cette position fondamentale rappelle évidemment Aristote, aux yeux duquel, également, l'essence ou
l' « objet » propre de la démocratie est la liberté :
ὑπόθεσις μὲν οὖν τῆς δημοκρατικῆς πολιτείας ἐλευθερία (*Politique*,
VI, 2, 1317 a). Cf. MONTESQUIEU, *Mes Pensées*, n° 1574 :
« La liberté, ce bien qui fait jouir des autres biens. »

(34) Liv. Ier, chap. 1er : La connaissance et le sentiment
enlèvent à l'homme et à la société l'uniformité et la
constance — dans la diversité et le mouvement — qui
caractérisent les êtres de la nature. Les lois positives de
la religion, de la morale et du droit viennent cependant
suppléer aux défauts de la nature intelligente. Ces lois
sont donc naturelles pour l'homme, mais uniquement si
elles sont en harmonie avec les lois scientifiques, c'est-à-
dire les lois qui décrivent les limites objectives à l'intérieur desquelles se déploie cet effort de réadaptation
incessante. La notion de loi chez Montesquieu n'est pas
exempte d'ambiguïté (cf. L. ALTHUSSER, *op. cit.*, p. 28 et
suiv.). Cette ambiguïté pourrait être due, principalement,
à des précautions prises à l'égard de la théologie. Cf.
ci-dessus, note 22.

(35) Liv. XII, chap. 1.

(36) *Ibid.* Cf. *Mes pensées*, n° 884 : « Un peuple libre
n'est pas celui qui a une telle ou une telle forme de gouvernement : c'est celui qui jouit de la forme de gouvernement établie par la loi... De là il faut conclure que la
liberté politique concerne les monarchies modérées comme
les républiques, et n'est pas plus éloignée du trône que

d'un sénat; et tout homme libre qui a un juste sujet de
croire que la fureur d'un seul ou de plusieurs ne lui
ôteront pas la vie ou la propriété de ses biens... »

(37) Liv. XII, chap. 2.

(38) Voyez notamment *Esprit des Lois*, liv. II. C'est à
juste titre que Robert DERATHÉ, « Le droit de punir
chez Montesquieu, Beccaria et Voltaire », *Atti der Con-
vegno internazionale su Cesare Beccaria*, Torino, 1966,
p. 85 et suiv., considère l'auteur de l'*Esprit des Lois*
comme un précurseur de l'auteur du *Trattato dei delitti
e delle pene* (1764). Cf. Jean GRAVEN, « Montesquieu et
le droit pénal », *La pensée politique, etc., de Montesquieu*,
p. 209 et suiv.

(39) Liv. XII-XIII : sûreté, liberté de pensée et de
conscience, proportionnalité des peines, interdiction des
peines cruelles, garanties de procédure en faveur de l'accusé, garantie du juge naturel, justice fiscale, etc. Cf.
Mes pensées, n° 643, où la critique de la torture.

(40) Voyez, au sujet de ces distinctions, George BUR-
DEAU, *Les libertés publiques*, 4ᵉ éd., 1972, et Georges VLA-
CHOS, « La structure des droits de l'homme et le problème
de leur réglementation en régime pluraliste », *Revue
internationale de droit comparé*, 1972, 2, p. 279-353. Montesquieu se sert incidemment des termes « état civil »
et « état politique » pour distinguer entre les droits indi-
viduels et les droits politiques. Voyez, par exemple,
liv. XV, chap. 18 (à propos des affranchis).
   La politique de Montesquieu — et les discussions
juridico-idéologiques qui en encombrent actuellement, en
France, le sens et la portée — seraient puissamment
éclairées par une recherche systématique à faire sur le
sujet : Montesquieu et les droits de l'homme. Un travail
de cette nature permettrait de préciser le contenu et les
garanties des droits des individus et des groupes dans le
cadre de l'*Esprit des Lois* et, par là même, d'approfondir
réellement les fonctions multiples que le terme « liberté »
accomplit dans le système juridico-politique élaboré dans
cet ouvrage. Le livre de Mᵉ Simone GOYARD-FABRE *(op.
cit., passim)* contient, à cet égard, une très riche information, dont l'utilisation est faussée cependant, dans une
assez large mesure, par l'adoption au départ de critères
plus ou moins contradictoires quant à l'orientation globale et aux motivations profondes de la pensée du philosophe (cf. *ci-dessous*, Concl., note 66). Toutefois, nous
pensons que la distinction entre la « liberté d'après la
constitution » et la « liberté du citoyen », exposée suc-
cinctement dans notre texte, possède un caractère de systématisation majeure pour l'ensemble des problèmes

étudiés dans l'*Esprit des Lois*. Sur le plan historique, elle anticipe, en gros, la liaison étroite qui sera établie, un peu plus tard, par les constituants américains et par les constituants français, entre le principe de la « séparation des pouvoirs » et les droits de l'homme et du citoyen.

(41) Liv. XI, chap. 2. Ainsi, l'agrandissement était l' « objet » de Rome, la guerre celui de Lacédémone, le commerce celui de Marseille, les « délices du prince » l' « objet » des Etats despotiques, sa gloire celui des monarchies, etc. Il y a, dans cette énumération, un certain mélange entre catégories ou types d'Etat et de gouvernement et Etats concrets, pris individuellement.

(42) Liv. XI, chap. 3.

(43) *Ibid*.

CHAPITRE II

Légitimité et despotisme. Typologie politique et répartition fonctionnelle des compétences étatiques

------

Le caractère composite et complexe de l'ouvrage (1), l'exposition quelque peu désordonnée des matières, reflet de la manière dont l'*Esprit des Lois* a été élaboré pendant tout une vingtaine d'années (2), rendent extrêmement difficile de présenter dans un ordre systématique et raisonné les étapes par lesquelles le philosophe est passé, sur le plan épistémologique aussi bien que sur celui des idées, avant d'en achever la rédaction. Il restera, assurément, pour toujours, à cet égard, des divergences d'opinion et des doutes. Tout cela ne concerne pas, cependant, l'essentiel de sa pensée politique et constitutionnelle. Le travail de reconstitution de la politique de Montesquieu devient, en effet, moins malaisé si l'on suit fidèlement le cheminement de sa pensée vers un objectif constant que celle-ci semble

Les notes sont insérées à la fin du chapitre.

s'être donné dès le début, à partir des thèses déjà
exposées dans les *Lettres persanes,* thèses partiellement complétées dans les *Considérations* (3) :
la définition de l'Etat et du gouvernement légitimes suivant une conception éminemment dialectique de la liberté, dans son double rapport
en direction des lois qui régissent les structures
institutionnelles et les modes d'action des gouvernants, ainsi que la manière d'être et d'agir
des gouvernés eux-mêmes.

Comme nous l'avons indiqué au chapitre précédent, l'auteur de l'*Esprit des Lois* donne cette
définition de la liberté en général : « le droit de
faire tout ce que les lois permettent ». Nous
avons déjà noté que cette définition ne saurait en
aucune façon revêtir, sous la plume de Montesquieu, un sens positiviste ou légaliste. De fait,
le philosophe a une idée beaucoup trop élevée de
la légalité pour en faire une arme unilatérale
entre les mains des gouvernants, aux dépens des
gouvernés. Avant d'être appliquée à ces derniers,
la formule mentionnée concerne visiblement
ceux qui les gouvernent. Ce sont eux qui, du fait
même qu'ils disposent des prérogatives que con-
fère le pouvoir, sont portés naturellement à
confondre la liberté avec l'indépendance, c'est-à-
dire avec l'arbitraire, et à faire de la « force
générale » l'instrument d'oppression le moins
supportable. Ce raisonnement est tiré de ce qui
a été exposé plus haut au sujet de la nature
humaine, telle qu'elle se dévoile dans l'état
social : chaque individu y tend irrésistiblement
à abuser de la supériorité qu'il éprouve éventuellement vis-à-vis des autres, et cela est vrai *a for-
tiori* des détenteurs de la puissance publique.
Nous pouvons, en conséquence, poser comme

premier principe négatif de toute politique expérimentale « que tout homme qui a du pouvoir est porté à en abuser; il va jusqu'à ce qu'il trouve des limites » (4). Pour écarter un tel danger, les attributions de ceux qui exercent le pouvoir doivent être définies et délimitées avec toute la précision voulue : « Qui le dirait ! la vertu même a besoin de limites » (5) !

C'est le principe même, il convient de le rappeler, dont partait Aristote pour élaborer sa propre conception de la démocratie légitime : « ... il est utile qu'il existe (dans l'Etat) une interdépendance nécessaire et que personne ne puisse être en mesure de faire ce qu'il lui passe par la tête; car la faculté de faire ce que l'on veut ne peut empêcher de se manifester ce qu'il y a de mauvais dans chacun des hommes » (6). De même que dans la pensée d'Aristote, la définition de la loi comme une limite nécessaire est destinée, dans la politique de Montesquieu, à freiner d'une manière objective et sûre l'action des gouvernants, en vue d'une meilleure protection de leurs administrés (7). Cependant, le philosophe français pouvait aussi trouver plus près de lui une autre expérience féconde. Dès l'aube du siècle, la pensée constitutionnelle anglaise, aidée par une pratique plus ou moins concordante, avait élaboré, en effet, comme principe fondamental du régime politique britannique, l'idée de suprématie de la loi *(the Rule of Law)* (8), idée sur laquelle venait se greffer de façon toute naturelle la triple distinction fonctionnelle des compétences étatiques en tant que théorie juridique rationnelle de la limitation du pouvoir et de ses organes (9). Sous l'angle de la *Rule of Law*, la législation, l'exécution et la justice s'éclairaient désormais comme les trois étapes

successives du processus logique selon lequel le
droit parachève éternellement, dans le cadre de
la souveraineté une et indivisible, le cycle de sa
production et de son application. Cet aspect
fonctionnel de la Règle de Droit apparaissait
d'autant plus naturel que dans la pensée anglaise
du XVIIIᵉ siècle (10), l'on voyait déjà se dessiner
la séparation libérale entre l'Etat et la société
(11), et qu'il avait été jugé utile, dans le but
d'assurer une meilleure protection des droits et
libertés des particuliers, d'y ériger la justice au
rang d'une troisième fonction essentielle de
l'Etat (12).

Il serait prématuré d'examiner dans quelle
mesure la distinction fonctionnelle précédente
se traduisait ou non dans les faits par une séparation correspondante des organes, au sein du
régime constitutionnel britannique. Ce qui est
certain, c'est que l'auteur de l'*Esprit des Lois*,
en élaborant lentement sa propre conception du
droit et de la politique, avait tout à la fois sous
les yeux les conclusions de la psychologie politique et administrative d'Aristote et l'idée, aussi
bien aristotélicienne qu'anglaise, de séparation
et de hiérarchie fonctionnelle des compétences
étatiques. De fait, tous les efforts de Montesquieu
tendront désormais à faire rapprocher aussi
étroitement que possible ces deux sources d'inspiration convergentes de sa pensée. L'une et
l'autre viendront cependant s'imbriquer dans le
contexte, épistémologique et idéologique, dont
l'auteur de l'*Esprit des Lois* avait pris le soin de
définir les dominantes dès les premières pages
de son livre. Elles serviront, en tout premier
lieu, à donner plus de consistance et de clarté au
concept encore indéterminé de liberté objective
ou « liberté d'après la constitution »; elles aide-

ront ensuite l'auteur à se frayer un chemin vers la « liberté du citoyen » et à trouver, finalement, au problème de la légitimité de l'Etat et du gouvernement, une réponse compatible avec l'expérience aussi bien qu'avec l'idéal.

Pour mieux comprendre la façon dont ces idées sont venues s'insérer dans le système que Montesquieu est en train d'élaborer, il est nécessaire de reprendre ici ce qui a été la principale conclusion de notre chapitre précédent : en invoquant l'idée de loi naturelle, le philosophe ne songe en aucune manière de construire une théorie pure du droit et de l'Etat à l'instar de la politique hypothétique du rationalisme géométrique. Les « lois », naturelles aussi bien que positives, ne l'intéressent en fait que sous un angle bien précis : celui des rapports possibles entre le pouvoir d'Etat, d'une part, et la « liberté du citoyen », de l'autre, en vue de la définition, ainsi qu'il a été dit plus haut, d'une formule de légitimité compatible avec le concept d'expérince, concept qui domine de très haut, dans son esprit, toute théorie scientifiquement valable du politique et du social. Or, il est aisé de constater qu'en conséquence de la méthode adoptée dès le début et fidèlement suivie par Montesquieu, du moins dans les parties essentielles de son œuvre, cette recherche peut être menée de deux manières différentes : soit abstraitement, en référence aux formes typiques d'organisation constitutionnelle des Etats en général, soit concrètement, en vue d'un Etat particulier, donné historiquement et en conformité avec les conditions spécifiques de son existence et de son fonctionnement. Dès lors, l'idée aristotélicienne de la nécessaire limitation des compétences aussi bien que le principe de légalité et de hiérarchie

fonctionnelles des Anglais doivent se plier aux
exigences de cette double orientation de sa
pensée vers l'universel et le particulier ou l'individuel. Quoi qu'il en soit, qu'il s'agisse de l'une
ou de l'autre de ces directions opposées, c'est
toujours l'idée de systématisation au sein d'un
tout cohérent à partir des prémisses philoso-
phiques et anthropologiques posées dans la Préface et dans le premier livre de l'*Esprit des Lois,*
qui préside invariablement les développements
que le philosophe sera appelé à consacrer au
problème des rapports du pouvoir et de la
liberté. Si on lui enlève cet aspect systématique,
l'empirisme politique et juridique de Montesquieu n'est plus qu'un amas de faits inconsis-
tants et d'affirmations idéologiques gratuites. En
suivant, au contraire, fidèlement son dessein
initial d'étude systématique des matières politiques à partir de l'idée double de liberté constitutionnelle et de liberté humaine fondamentale,
on atteste sans difficulté l'importance méthodologique et scientifique majeure de son extraor-
dinaire effort de pensée.

Comme nous l'avons déjà noté, l'idée de légitimité des régimes politiques se pose nécessairement, dans l'esprit de Montesquieu, à deux
niveaux différents, quoique liés étroitement l'un
à l'autre : celui de la liberté objective, telle
qu'elle résulte des lois fondamentales relatives
à l'organisation du pouvoir politique, et celui des
droits et libertés du citoyen. La légitimité n'est
concevable, toutefois, dans sa pensée qu'à partir
d'une limite négative extrême : la règle de la
totale soumission des gouvernants au droit. Nous
pourrons constater aussitôt que cette règle n'est
en fait qu'un autre aspect du principe aristoté-

licien de la nécessaire délimitation des compétences étatiques.

Il existe des régimes politiques, fait observer Montesquieu (13), dans lesquels un seul homme, le « despote » ou son représentant, le « vézir », gouverne selon sa volonté arbitraire, c'est-à-dire sans se considérer comme étant lié par des règles de droit, naturelles ou positives. En pareil cas, le contenu de la puissance étatique s'identifie absolument avec la force matérielle du despote et de ses collaborateurs (14). Naturellement, il ne saurait être question, dans un tel régime, ni « d'union des volontés » ni, à proprement parler, d' « Etat civil », et, dès lors, nous sommes ici en présence d'un Etat radicalement illégitime, d'un Etat dont le principe même (15) diffère fondamentalement de celui de tous les autres, du moins en ce qui concerne le premier volet de la légitimité, celui qui a trait à la liberté « d'après la constitution » (16).

Il ne faudrait pas croire, certes, que le despotisme est la conséquence pure et simple du nombre limité des gouvernants ou des motifs psychologiques qui en déterminent l'action. Le critère de la légitimité ou de l'illégitimité des régimes politiques réside plutôt dans le droit objectif lui même. Si ce droit comporte une organisation permettant, de par sa structure, d'identifier la volonté étatique avec la volonté subjective et partant arbitraire des détenteurs du pouvoir, le régime est despotique ou tend vers le despotisme, quel que soit par ailleurs le nombre des gouvernants ou les motifs qui les inspirent. Cela arrive, en tout cas, inoxerablement toutes les fois que la totalité des fonctions étatiques sont concentrées entre les mains du même homme, du même corps ou de la même classe sociale. Ainsi, dans les républiques italiennes, l'aristocratie possède et la législation et l'exécution et la justice; la conséquence inévitable de cette concentration totale des pouvoirs entre les mains de la classe aristocratique est que celle-ci, pour se maintenir éternellement au pouvoir, recoure à des mesures aussi violentes et aussi perfides que celles qui sont pratiquées sous le régime despotique de la Turquie (17). Des remarques analogues pourraient être faites au sujet de la démocratie directe. En effet, écrit Montesquieu, toutes les fois qu'il n'existe pas un aménagement objectif des compétences posant une limite sûre à la toute-puissance du peuple souverain, la démocratie est l'équivalent du despotisme ou elle engendre fatalement le pouvoir despotique d'un seul. Tel est le cas, notamment, de certaines périodes de la démocratie romaine, sur laquelle nous aurons l'occasion de revenir bientôt.

L'auteur de l'*Esprit des Lois* est tellement convaincu de la justesse des analyses précédentes, qu'il n'hésite pas à en déduire le principe général suivant : « la démocratie (directe) et l'aristocratie ne sont point des Etats libres par nature. La liberté politique ne se trouve que dans les gouvernements modérés; elle n'y est que lorsqu'on n'abuse pas du pouvoir... » (18). Pour éviter un tel abus, il existe une technique sûre que Montesquieu nous proposera et que nous aurons à étudier par la suite. Notons cependant, ici, cette continuation du passage, qui nous ramène précisément au critère déjà évoqué de liberté objective (ou « liberté politique dans ses rapports avec la constitution ») : « une constitution peut (= doit) être telle que personne ne sera contraint de faire les choses auxquelles la loi ne l'oblige pas, et à ne point faire celles que la loi lui permet ». Cette condition ne peut pas être remplie si les trois fonctions de l'Etat sont réunies dans leur totalité entre les mains de la même personne ou d'un groupe ou d'une catégorie de personnes ayant des intérêts identiques : « Tout serait perdu si le même homme, ou le même corps des principaux, ou des nobles, ou du peuple, exerçait les trois pouvoirs : celui de faire des lois, celui d'exécuter les résolutions publiques, et celui de juger les crimes ou les différends des particuliers » (19).

Ce qui précède nous permet de dégager, dans le cadre de l'*Esprit des lois,* une première signification — négative et en quelque sorte préliminaire — de la distinction tripartite des fonctions étatiques. En invoquant cette distinction, Montesquieu tente de démontrer que la notion d'Etat de droit est incompatible avec l'omnipotence, juridique et politique, d'un support unique — individu, groupe ou classe sociale — du pouvoir d'Etat. A ce niveau de la recherche, l'objectif voulu est de faire ressortir l'opposition entre le despotisme, d'une part, et les régimes légitimes, de l'autre, conformément au critère de la concentration absolue ou de la déconcentration relative du pouvoir, et sans qu'il soit encore fait mention des modalités concrètes selon lesquelles le pouvoir devrait être distribué. C'est ce que les commentateurs de Montesquieu ont appelé sa théorie du non-cumul des pouvoirs (20). Il devient visible, toutefois, qu'en essayant de définir un critère général de légitimité, le philosophe a constamment sous les yeux, d'une part, les fonctions juridiques en tant que manifestations de la « force générale » (ou « volonté générale ») de l'Etat, puissance souveraine

et indivisible, et, d'autre part, les supports concrets de cette puissance, en tant que forces
sociologiquement déterminables. S'inspirant de
l'idée libérale d'Etat de droit, l'auteur de l'*Esprit
des Lois* considère inadmissible la concentration
de l'ensemble des fonctions étatiques entre les
mains de l'une quelconque de ces « forces ». De
fait, l'idée de non-cumul des fonctions recouvre
une théorie de la légitimité largement inspirée
de considérations d'ordre économique et social,
plutôt que de motifs juridiques formels. Tout
en impliquant le refus du despotisme d'un seul,
le non-cumul se présente fondamentalement
comme la condamnation du monopole politique
d'une classe sociale aux dépens de toutes les
autres. Sous cet angle, et quels que fussent les
motifs idéologiques plus immédiats qui ont pu
engager l'esprit scientifique de Montesquieu dans
cette direction (21), cette condamnation, réfractée par le système, dépasse par sa généralité
aussi bien que par les formules diversifiées
d'application qu'elle a reçues, la défense des
intérêts d'une classe historiquement donnée. En
vérité, la pensée du philosophe se dirige invariablement vers ce but précis et déterminé : définir
un ou plusieurs modes de légitimité étatique à
partir de l'idée de liberté, mais en tenant constamment compte de l'expérience multiple et
variée que nous révèle l'histoire, ancienne et
moderne, ainsi que l'étude comparative des idées
et des institutions.

Négative ou purement limitative à son point
de départ (théorie du non-cumul des fonctions),
l'idée de distinction fonctionnelle tripartite des
compétences étatiques devient ainsi nécessairement — et peut-être aussi progressivement dans
l'esprit de Montesquieu — un moyen pour juger

et pour comprendre, par-delà la distinction initiale entre gouvernements légitimes et gouvernements illégitimes, les données réelles du problème du pouvoir et de la liberté.

C'est à partir de l'idée de liberté de l'homme en général (« liberté politique par rapport au citoyen »), en effet, que le philosophe fait appel désormais à l'idée de distinction fonctionnelle tripartite, non pas uniquement pour établir, par voie négative et au moyen de la théorie du non-cumul des compétences, un critère absolu de séparation entre les gouvernements légitimes et les gouvernements illégitimes, mais aussi et surtout pour indiquer, positivement et concrètement, comment la liberté de l'homme peut être protégée ou anéantie au sein de chaque forme particulière d'Etat et de gouvernement, si l'on ne tient pas compte de certaines conditions spécifiques que réclame la nature de chaque Etat concret. C'est dire aussi qu'aux yeux de Montesquieu, il n'y a pas deux (22), mais une seule typologie politique possible : celle qui repose effectivement sur une analyse structurale des fondements sociologiques et historiques de chaque Etat en liaison avec la manière dont les compétencees y sont réparties concrètement entre les individus et les groupes sociaux qui composent la classe politique (les « gouvernants »). Le classement traditionnel trialiste — monarchie, aristocratie, démocratie — n'est pas rejeté, certes, par le philosophe, mais il ne présente plus à ses yeux que le cadre extérieur et conventionnel au sein duquel se déploie désormais une pensée politique fondamentalement neuve.

La réflexion de Montesquieu débute, sur ce point, par une injustice involontaire à l'égard de

son illustre prédécesseur : Aristote. L'auteur de
l'*Esprit des Lois* reproche, en effet, à ce dernier
d'avoir placé côte à côte, dans le rang des monarchies, la Perse et la Lacédémone. Il attribue cette
erreur à une méconnaissance, de la part du
penseur grec, de l'importance du principe de
distribution fonctionnelle des compétences. « Les
anciens », écrit-il, « qui ne connaissaient pas la
distribution des trois pouvoirs dans le gouvernement d'un seul, ne pouvaient pas se faire une
idée juste de la monarchie » (23). Cette critique
concerne, très visiblement, Aristote. Certes, Montesquieu n'ignore pas que l'auteur de la *Politique*
parle bien de trois pouvoirs (ou « éléments »)
de l'Etat de droit en général : « il y a dans tous
les Etats trois éléments... et les Etats diffèrent
entre eux dans la mesure où chacun de ces éléments se présente différemment... » (24); mais
il est porté à penser que cette distinction ne
s'applique, dans l'esprit du Stagirite, qu'à une
seule forme d'Etat et de gouvernement : la
politie. Il écrit : « Les Grecs n'imaginèrent point
la vraie distribution des trois pouvoirs dans le
gouvernement d'un seul; ils ne l'imaginèrent que
dans le gouvernement de plusieurs, et ils appe-
lèrent cette sorte de constitution *police* » (25).
Ce reproche est injuste. En partant de *politie,*
dans le passage précédemment reproduit où il
établit sa propre distinction tripartite, Aristote
ne songe en aucune façon, comme le pense Montesquieu et comme paraissent le supposer également ses commentateurs (26), à cette sorte de
régime politique modéré, auquel les Grecs réser-
vaient également le nom de *politie,* mais à l'Etat
en général, du moins à l'Etat légitime, celui qui
est fondé sur des lois. L'auteur de la *Politique*
avait en effet rappelé, dans un chapitre précédent

de son livre, ce double usage du terme *politie* (III, 7, 1279 a). Il est donc bien à l'aise quand il affirme par la suite que les trois éléments existent « dans tous les Etats » ! Il pense bien, par-là, qu'il existe dans chaque Etat trois fonctions à accomplir, mais il ne voit cette triplicité se répercuter réellement sur le plan formel ou organique que dans le type d'Etat auquel il réserve le terme *politie* au sens étroit du terme (27); il maintient, par conséquent, le classement tripartite des formes de l'Etat, en tenant compte de l'attribution de la puissance suprême à un seul, à plusieurs ou à tous (28).

Ce qui est vrai, en définitive, dans cette discussion à propos d'Aristote, c'est que ce dernier a bien été l'initiateur de la distinction fonctionnelle tripartite, mais il ne s'en est pas servi systématiquement au cours de son étude des différentes formes d'Etat et de gouvernement. Montesquieu utilise, au contraire, ce principe de manière beaucoup plus poussée et conséquente; il est aidé en cela par l'idée qu'il s'est fixée dès les débuts de sa recherche, savoir l'obtention d'un accord et d'une harmonie possibles entre les formes variables d'Etat et de gouvernement, d'une part, et le droit de l'homme, de l'autre. Ce faisant, l'auteur français parvint à nous proposer une nouvelle typologie synthétique et globale des régimes politiques, sur laquelle nous devons nous arrêter brièvement, avant de reprendre l'examen de l'idée de non-cumul des fonctions et de son utilisation positive dans le cadre des différents régimes connus historiquement.

Pour classer scientifiquement les différents types de régimes politiques, Montesquieu prend comme point de départ la distinction, fondamen-

tale à ses yeux, entre la « nature du gouvernement » et le « principe du gouvernement ». La
première comprend, en gros, sa constitution
mécanique particulière, tandis que le second
embrasse les facteurs psychologiques ou psycho-
sociaux qui président à son fonctionnement.
L'une et l'autre possèdent une importance déterminante, et le législateur se doit d'y adapter les
lois qu'il édicte, conformément à l'idée générale
de nécessité qui régit la nature humaine et en
particulier le droit et l'Etat. Par ailleurs, à la
« nature » de chaque gouvernement correspond
un « principe » qui lui est propre, et entre les
deux il y a un rapport qu'à juste titre on a pu
qualifier de dialectique (29). Cependant, il est
tout aussi important de noter que la « nature »
aussi bien que le « principe » du gouvernement
sont contemplés invariablement par Montesquieu
à travers la répartition fonctionnelle des compétences, qui finit ainsi par s'ériger en principe
universel permettant de définir concrètement le
degré de légitimité dont chaque forme d'Etat et
chaque gouvernement sont capables. Voyons de
plus près comment cette opération est menée à
son terme.

Par rapport à la « nature du gouvernement »,
au sens sus-indiqué, Montesquieu distingue trois
formes de régime politique : la « république »
(comprenant la démocratie, directe ou indirecte,
et l'aristocratie), la « monarchie » et le gouvernement « despotique ». Cette dernière forme
étant absolument illégitime, ainsi qu'il a été
rappelé plus haut, la recherche se dirige naturellement surtout vers les deux autres. La « république » est caractérisée par le fait que la souveraineté, incarnée par le pouvoir législatif, appartient au peuple ou à une partie du peuple. Nous

verrons plus loin de quelle manière précise l'auteur de l'*Esprit des Lois* envisage les applications ultérieures du principe fonctionnel trialiste dans le cadre des démocraties, anciennes et modernes. Le cas de la monarchie est plus intéressant pour nous à cette place, car il nous montre du doigt comment Montesquieu entend déjà élargir la portée systématique du principe de la répartition fonctionnelle bien au-delà du cadre étroit que lui avait pratiquement assigné Aristote. La monarchie se distingue, en effet, aux dires du philosophe français (et toujours d'après le premier critère, celui de la « nature du gouvernement »), par le fait que la souveraineté appartient à une seule personne, mais aussi et surtout par l'existence, empiriquement attestée, d'une classe particulière de nobles héréditaires servant de soubassement sociologique essentiel de ce régime, que Montesquieu qualifie globalement du nom de « pouvoirs intermédiaires, subordonnés et dépendants » (30).

Comme il est aisé de le constater, Montesquieu reprend ici, aussi bien à l'égard de la « monarchie » qu'à propos de la « république », le critère aristotélicien de classement des formes d'Etat et de gouvernement d'après la possession de la puissance souveraine (κύριοι τῶν μορίωντων), incarnée, comme il vient d'être noté, par la législation; mais il y ajoute, en ce qui concerne la première, un critère relativement nouveau : la présence nécessaire de « pouvoirs intermédiaires, subordonnés et dépendants ». Pour bien comprendre le caractère du régime monarchique, il convient cependant d'étudier, en plus de sa construction mécanique (de sa « nature »), également son « principe ». En opposition avec la démocratie, écrit l'auteur de l'*Esprit des Lois,* qui a comme « principe » la vertu ou « l'amour des lois et de la patrie » (31), la monarchie, ayant comme substrat psychologique principal l' « honneur » (32), encourt toujours le danger, en raison de l'inconstance de ce facteur, de se trouver privée de tout fondement stable. La stabilité y est assurée, certes, en tout premier lieu, par les lois (33), et surtout par les « lois fondamentales » (34). Or, pour que les lois de la monarchie soient efficaces, il est nécessaire qu'elles correspondent exactement à la « nature » et au « principe » de ce régime; elles doivent, par conséquent, entretenir une classe noble puissante et disciplinée, tout en assurant, en même temps, au niveau du monarque et de ses organes directs, une exécution prompte et sûre.

Support historique de la monarchie, érigée en « pouvoir intermédiaire, subordonné et dépendant » dans le cadre du système élaboré par Montesquieu, la noblesse n'altère pas, certes, la structure fondamentale du gouvernement monarchique : aussi longtemps qu'il puisse être qualifié de ce nom, le monarque détient, à lui seul, la totalité du pouvoir législatif et du pouvoir exécutif. Cependant, pour que la monarchie ne dégénère pas en « despotisme » — à la suite de la concentration de l'ensemble des pouvoirs entre les mains d'un seul —, il n'y a qu'un seul remède, et ce remède l'histoire l'a trouvé, d'abord par l'entremise de justices seigneuriales plus ou moins autonomes (35), ensuite par la conception d'une justice indépendante dans le cadre de l'Etat désormais unitaire (36).

Nous verrons, un peu plus loin, de quelle manière précise Montesquieu s'efforce de justifier l'idée d'une justice indépendante dans le cadre de l'Etat monarchique. Ce qui importe de retenir à cette place, c'est que l'auteur de l'*Esprit des Lois* n'invoque généralement le principe de « distribution des pouvoirs » sans en rattacher directement les modalités d'application à la « nature » et au « principe » du gouvernement et sans évoquer conjointement l'idée d'une constitution sociale de base correspondant, plus ou moins, à cette « nature » et à ce « principe ». La typologie politique de Montesquieu comporte donc un approfondissement sociologique nouveau de chaque forme d'Etat et de gouvernement, ainsi que de chaque régime politique concret. Derrière le principe de « distribution des pouvoirs » et l'analyse subséquente des formes d'Etat et de gouvernement, apparaît constamment la distinction établie initialement entre la « liberté du citoyen » et la « liberté d'après la constitution ». C'est par rapport à cette double référence que la sociologie politique devient finalement concrète aussi bien sur le plan de l'analyse des concepts juridiques que sur celui de la mécanique et de la psychologie constitutionnelles.

Le principe de « distribution des pouvoirs », conçu invariablement sous l'angle de la distinction fonctionnelle tripartite, se vérifie, aux yeux du philosophe, à des degrés divers, par l'ensemble des régimes politiques connus de l'histoire universelle. Il ne s'évanouit vraiment que dans les régimes « despotiques ». Mais il est vrai que ces régimes se situent en dehors de l'Etat de droit et de la légitimité en général.

Montesquieu illustre, en effet, abondamment sa doctrine par des exemples puisés dans l'histoire, ancienne et moderne. Il procède, ainsi, à un classement systématique des régimes politiques de l'antiquité, grecque et romaine, en tenant essentiellement compte de la manière dont les trois fonctions étaient réparties dans chacun d'entre eux. Nous ne saurions en donner, ici, qu'un aperçu très rapide, mais qui nous permettra néanmoins de saisir toute l'importance que l'auteur de l'*Esprit des Lois* attribue à l'idée de distribution fonctionnelle des compétences au cours de son analyse structurale des régimes politiques.

Nous apprenons ainsi que dans les monarchies grecques des temps héroïques, le peuple détenait le pouvoir législatif, tandis que le roi disposait du pouvoir exécutif et du pouvoir judiciaire (37). Or, fait remarquer Montesquieu, cette répartition était mauvaise, eu égard précisément à la forme monarchique du régime; car le peuple, disposant du pouvoir législatif, pouvait à tout moment supprimer la monarchie — ce qu'il n'a pas manqué de faire. La répartition y était mauvaise, également, car le roi détenait, en plus du pouvoir exécutif, le pouvoir juridictionnel, tout en n'ayant pas le pouvoir législatif : « chez un peuple libre, et qui avait le pouvoir législatif; chez un peuple renfermé dans une ville, où tout ce qu'il y a d'odieux devient plus odieux encore, le chef-d'œuvre de la législation est de savoir bien placer la puissance de juger. Mais elle ne le pouvait être plus mal que dans les mains de celui qui avait déjà la puissance exécutrice. De ce moment, le monarque devenait terrible. Mais en même temps, comme il n'avait pas la législation, il ne pouvait pas se défendre contre la législation; il avait trop de pouvoir, et il n'en avait pas assez. On n'avait pas encore découvert que la vraie fonction du prince était d'établir des juges, et non pas de juger lui-même. La politique contraire rendit le gouvernement d'un seul insupportable. Tous ces rois furent chassés... » (38).

Nous aurons l'occasion de revenir bientôt sur ce dernier point, notamment à propos des monarchies européennes modernes. Notons auparavant, en ce qui concerne les régimes politiques grecs, que Montesquieu se sert justement de la répartition fonctionnelle pour qualifier Lacédémone de « république », bien que Sparte eût à sa tête deux « rois » (39). Tout aussi importante apparaît, aux yeux de l'auteur de l'*Esprit des Lois*, la distinction fonctionnelle et en particulier la distinction entre l'exécution et la juridiction dans le cadre de la démocratie solonienne : « Solon divisa le peuple d'Athènes en quatre classes... laissant à chaque citoyen le droit d'élection, il voulut que, dans chacune de ces quatre classes, on pût élire les juges; mais que ce ne fût que dans les trois premières, où étaient les citoyens aisés, qu'on pût prendre les magistrats » (40). La constitution solonienne parvenait ainsi à établir la distinction entre l'exécutif et le judiciaire sur une base fondamentalement sociologique et, plus spécialement, économique — ce qui serait tout à fait à son avantage, sous le double rapport du respect de la légalité objective (« la liberté dans son rapport avec la constitution ») et de la « liberté du citoyen ».

A Rome, également, le régime politique aurait évolué, d'après Montesquieu, de manière assez complexe, mais toujours en liaison étroite avec la « distribution des pouvoirs » (41). Aux premiers temps des rois, nous lisons dans l'*Esprit des Lois*, la constitution mixte assurait « une telle... harmonie du pouvoir, qu'on ne vit ni jalousie ni dispute ». Par constitution « mixte »,

il est entendu ici un partage des fonctions et des
compétences excluant le cumul et tenant compte
de la diversité des éléments sociaux dont l'Etat
est composé. C'est pour avoir méconnu ces principes, en réunissant sous son sceptre la totalité
des pouvoirs, que Tarquin a provoqué, en même
temps que sa perte, la chute de la royauté
romaine (42).

Cette royauté, comme par ailleurs celle des
Grecs ou celle encore des temps modernes (43),
reposait fondamentalement, aux dires de Montesquieu, sur une classe aristocratique, et la distribution des trois pouvoirs n'y était en fait
qu'un dosage ingénieux entre classes sociales
distinctes. Après la chute de la royauté et l'ins-
tauration, à Rome, du régime républicain, les
choses ont changé profondément pour s'adapter
à la « nature » et au « principe » du nouveau
régime. En effet, contrairement à la monarchie,
« un Etat populaire n'a pas besoin de cette
distinction de familles (aristocratiques) pour se
maintenir » (44). L'histoire de la république
romaine n'a été en fait qu'une succession de
luttes en vue d'éliminer la concentration des
trois pouvoirs entre les mains des patriciens et
de les redistribuer sur des bases nouvelles. Ces
luttes furent, certes, un moment entrecoupées
par la dictature effective des décemvirs : « Dix
hommes dans la république eurent seuls toute
la puissance législative, toute la puissance exécutrice, toute la puissance des jugements » (45).
Mais cela n'a duré qu'un temps; après la chute
des décemvirs, les plébéins, réunis en comices
par tribus, accaparèrent la totalité du pouvoir
législatif, en écartant totalement les sénateurs
et les patriciens et en les offensant ainsi jusque
dans leur qualité de citoyens. Ce fut pourtant un

mal limité, car les consuls, puis les censeurs parvenaient encore à contrôler le corps législatif du peuple, tandis que le Sénat conservait la faculté de nommer un dictateur « devant lequel le souverain législateur baissait la tête » (46). Ce qui a permis cependant à la république de survivre, c'est que le peuple romain, qui « fut jaloux de sa puissance législative, il le fut moins de sa puissance exécutrice; il la laissa presque tout entière au Sénat et aux consuls » (47). Cela s'explique par une particularité propre à l'Etat romain, par son « objet » — terme que nous rencontrerons plus tard en parlant de la constitution anglaise. L'ambition permanente de Rome était, en effet, « de tout soumettre »; or, l'usurpation et la conquête exigeaient un organe exécutif puissant. Ce fut le Sénat qui accomplit, dans l'ensemble, ce rôle, tandis que les consuls le secondaient efficacement dans les provinces (48). La république romaine aurait ainsi fonctionné sur la base d'une « distribution » certaine du pouvoir législatif et du pouvoir exécutif entre deux organes différents, le peuple et le Sénat, organes dont les déterminismes sociologiques étaient manifestement divers.

Des observations analogues pourraient être faites, par ailleurs, en ce qui concerne le pouvoir judiciaire de la république romaine. Sous la royauté, fait remarquer Montesquieu, les choses ressemblaient fort, au début, à ce que fut la royauté des temps héroïques des Grecs. Depuis Servius Tullius, Rome a évolué, cependant, dans le domaine des affaires civiles, vers une justice populaire analogue à celle du jury anglais (49), justice à laquelle était superposé le tribunal des centumvirs. Toutefois, les rois s'étaient réservés la compétence de juger les

affaires criminelles, compétence que les consuls
ont hérité plus tard, avant que les plébéins
n'eussent élargi leurs pouvoirs propres dans ce
domaine. Après la loi des Douze Tables et après
la Loi Valérienne, une part importante des
affaires judiciaires revint au Sénat. Grâce à ce
partage, l'équilibre a été rétabli sur des bases
plus saines (50). En fait — il convient de bien
le souligner —, l'équilibre ainsi obtenu n'était
pas purement légal et mécanique, mais sociologique et pragmatique. Les juges en général
étaient, en effet, pris dans l'ordre des sénateurs;
c'était bien ce mode précis de recrutement, bien
mieux que toute autre garantie formelle, fait
observer Montesquieu, qui avait réellement
assuré l'indépendance et le respect de la justice,
avant que Tiberius Gracchus n'eût ordonné à
son tour que les juges seraient pris désormais
dans l'ordre des chevaliers. Un tel changement,
diminuant la force du Sénat, aurait contribué,
aux yeux de l'auteur de l'*Esprit des Lois*, à
rompre définitivement l'équilibre précédemment
établi entre les éléments constitutifs de la république romaine. Lisons plutôt ces mots :
« A Rome, le peuple ayant la plus grande partie
de la puissance législative, une partie de la
puissance exécutrice, et une partie de la puissance de juger, c'était un grand pouvoir qu'il
fallait balancer par un autre. Le Sénat avait
bien une partie de la puissance exécutrice; il
avait quelque branche de la puissance législative; mais cela ne suffisait pas pour contre-
balancer le peuple. Il fallait qu'il eût part à la
puissance de juger; et il y avait part lorsque
les juges étaient choisis parmi les sénateurs.
Quand les Gracques privèrent les sénateurs de la
puissance de juger, le Sénat ne put résister au

peuple. Ils choquèrent donc la liberté de la constitution pour favoriser la liberté du citoyen;
mais celle-ci se perdit avec celle-là. »

Les explications qui suivent, au chapitre XVIII
du livre XI de l'*Esprit des Lois,* en ce qui concerne l'évolution ultérieure du régime politique
romain vers le césarisme et le despotisme, ne
font que renforcer cette double constatation :
Montesquieu prend constamment comme fil
conducteur, au cours de son analyse du régime
républicain de Rome, le principe de la distinction
fonctionnelle tripartite; il n'applique cependant
ce principe qu'en l'adaptant aux situations sociologiques et psychologiques réelles propres à
chaque étape de l'évolution, politique et sociale.
Si, en effet, fait-il remarquer, la réforme opérée
par Tiberius Gracchus a été catastrophique pour
la république, c'est qu'elle a détourné, en
premier lieu, les chevaliers de leur métier de
soldats; elle a contribué en même temps à
remettre la justice entre les mains des traitants,
puisque les chevaliers étaient eux-mêmes les
principaux traitants de la république romaine
(51). C'est en bouleversant l'infrastructure économique, sociale et morale du régime, sans en
modifier le contenu normatif essentiel, que la
nouvelle distribution du pouvoir judiciaire s'avé-
rait désormais fatale pour l'ordre républicain
dans son ensemble.

Nous nous sommes arrêtés un peu plus longuement sur les expériences et les enseignements
tirés de l'étude de la république romaine, car, en
fait, c'est cette expérience, conjointement à celle
de l'Angleterre, qui a permis à Montesquieu de
préciser les principales formules de « distribution des pouvoirs » dans l'Etat. Il est significatif,

par ailleurs, que l'un et l'autre de ces Etats s'écartent sensiblement du type d'Etat « féodal » auquel on a voulu rattacher étroitement la politique de Montesquieu. Aussi bien la république romaine que l'Angleterre du XVIIIe siècle, sont des Etats unitaires et, bien que fondés, l'une et l'autre, sur des structures économiques inégalitaires, s'approchent néanmoins d'un modèle axé, plus ou moins, sur la double exigence de la liberté politique « par rapport à la constitution » et « par rapport au citoyen ». Au regard de cette expérience multiple, l'idéologie de Montesquieu paraît déjà se situer à un niveau aussi étendu et aussi élevé que celui qui découle des exigences épistémologiques et philosophiques plus larges de sa pensée.

En nous limitant toutefois, ici, aux seules expériences anciennes et notamment romaines, nous pouvons en tirer sans difficulté cette conclusion préliminaire : la distinction fonctionnelle tripartite n'implique en aucune façon le rejet des interférences, des croisements, des « dédoublements » de compétence entre les différents organes de l'Etat; sous cette réserve, cependant, que tout n'y soit pas fait au hasard ou selon des critères juridiques purs, mais que l'on tienne au contraire fondamentalement compte du soubassement social réel et effectif de chaque régime politique et de chaque Etat particulier. Ce qui est exclu radicalement, c'est le cumul total, la réunion de l'ensemble des compétences entre les mains d'une personne ou d'une catégorie sociale déterminée, une telle réunion équivalant, toujours et partout, au « despotisme ».

Nous verrons désormais que les mêmes conclusions s'imposent en ce qui concerne les régimes politiques des temps modernes, et en particulier les régimes monarchiques de l'Europe du XVIIIe siècle, sur lesquels nous allons d'abord nous arrêter.

La démarche de Montesquieu, quand il aborde les régimes politiques de son siècle, semble être la suivante : nous partons du principe que la distinction fonctionnelle tripartite est valable idéalement pour tous les régimes politiques légitimes, y compris la monarchie; or, nous savons que l'application de ce principe comporte des modalités diverses, suivant la « nature » et le « principe » de chaque gouvernement. Nous ne saurions, dès lors, considérer *a priori* comme un mal en soi que la totalité des attributions législatives et exécutives soient réunies entre les mains d'une seule personne, ainsi que cela est attesté effectivement dans les expériences monarchiques courantes de l'Europe continentale. Ce qui importe, à propos du régime monarchique comme à propos de tous les autres, c'est de vérifier dans quelle mesure les équilibres qui lui sont inhérents, selon sa « nature » et son « principe » — sa structure légale mécanique et son soubassement psychologique et social essentiel —, sont vraiment pris en considération et respectés. Ces équilibres sont respectés, pratiquement, ainsi que nous l'avons noté précédemment, lorsque la compétence juridictionnelle est enlevée des mains du monarque pour être confiée à des corps de magistrats indépendants. Lentement dégagé de l'analyse — plus négative que positive, il est vrai — des expériences anciennes, grecques et romaines, ce principe semble être confirmé puissamment, aux yeux de Montesquieu, par l'ensemble des expériences européennes modernes : « ...dans les monarchies que nous connaissons, le prince a la puissance exécutrice et législative, ou du moins une partie de la législative, mais il ne juge pas » (52).

En fait, Montesquieu insiste sur la nécessité d'une justice indépendante non seulement dans les monarchies, mais pratiquement dans tous les régimes au sein desquels le pouvoir législatif et le pouvoir exécutif sont réunis entre les mains d'une seule personne (monarchie) ou d'une classe sociale (aristocratie) (53). Il n'en atteste pas moins l'importance déterminante de la justice sous les régimes mixtes ou modérés, tels que la république solonienne ou la démocratie romaine — de même que le gouvernement d'Angleterre, au sujet duquel nous aurons l'occasion de nous étendre bientôt plus longuement.

Pour ce qui est des « monarchies » européennes, Montesquieu reconnaît, évidemment, qu'elles reposent sur d'autres principes organisationnels que ceux de la constitution solonienne, romaine ou britannique; mais il insiste particulièrement sur le fait qu'on y trouve également une répartition des compétences de type fonctionnel, et qu'à ce titre, ces régimes satisfont, eux aussi, à la première exigence de la légitimité, celle qui fait appel à la « liberté politique par rapport à la constitution » : « Les trois pouvoirs n'y sont point distribués et fondus sur le modèle de la constitution dont nous avons parlé. Ils ont chacun une distribution particulière, selon laquelle ils approchent plus ou moins de la liberté politique; et, s'ils n'en approchaient pas, la monarchie dégénérerait en despotisme » (54).

Quoique ces monarchies diffèrent entre elles sur des points plus ou moins essentiels — selon l'idée de sociologie politique concrète posée au départ —, elles représentent dans l'ensemble,

aux yeux de Montesquieu, ceci de commun : la
fonction juridictionnelle y est confiée (ou devrait
normalement y être confiée) à des juges indépendants, tandis que les deux autres fonctions
appartiennent en totalité au monarque ou à des
organes dépendant directement de sa volonté.
Il est bien visible, dès lors, que le principe de
distinction fonctionnelle tripartite est pris en
considération, également sous le régime monarchique, mais son application n'entraîne pas automatiquement une séparation correspondante des
organes en trois groupes distincts. Ici encore,
comme partout ailleurs dans le vaste monde
qu'il a visité par la pensée, ce qui intéresse Montesquieu est de savoir comment, par quel mécanisme psychologique et politique précis, il serait
possible d'envisager concrètement un équilibre
réel entre le pouvoir et la liberté. Pour qu'un tel
équilibre soit réel et effectif, semble-t-il penser,
il ne suffit pas, certes, qu'il soit fondé uniquement sur un accord formel des volontés, si ces
volontés sont impuissantes de le traduire en
actes; il faut aussi que cet équilibre s'appuie sur
des forces politiquement et socialement exis-
tantes et opérationnelles. Ainsi que nous avons
pu le constater plus haut, dans les monarchies
légitimes, celles qui ont comme principe l' « honneur », l'équilibre constitutionnel n'est concevable si ce n'est par l'entremise de « pouvoirs
intermédiaires, subordonnés et dépendants »,
incarnés par la noblesse héréditaire. C'est que
cette noblesse, tout en étant le support naturel
de la monarchie légitime, en est aussi l'unique
élément modérateur possible (55). Face à un
pouvoir législatif et exécutif réuni entre les
mains du monarque, la noblesse seule peut, en
effet, mettre un frein à son omnipotence; elle

peut le faire, elle le fait effectivement en rece-
vant comme fonction essentielle propre dans
l'Etat l'exercice exclusif de la justice (56).

L'indépendance judiciaire s'entend bien, d'ailleurs, en régime monarchique, d'une manière
particulièrement large et efficace. Du fait même
de l'existence, dans ce régime, de titres et de
privilèges de toute sorte, la législation devient une
affaire extrêmement compliquée. L'on voit là une
raison de plus pour conclure à la nécessité d'une
justice indépendante et bien organisée; mais on
se rend compte, également, qu'il devient pratiquement impossible que les lois, qui régissent,
dans les monarchies aristocratiques du continent,
des rapports aussi inégaux et complexes, puissent être en mesure de prévoir par avance la
solution la mieux appropriée dans chaque cas
particulier. Dès lors, et bien que le juge doive
en principe suivre la loi existante, il se doit, également, toutes les fois que celle-ci s'avère insuffi-
sante, de rechercher la solution dans l'esprit de
la loi, c'est-à-dire de faire œuvre de législateur
secondaire ou complémentaire. Mieux encore ;
Montesquieu est d'avis que les personnes qui
font partie des conseils consultatifs du monarque
ne sont point indiquées à assurer le « dépôt des
lois ». Une telle œuvre, dit-il, appartient naturellement aux « corps politiques » permanents,
respectables, jouissant de la confiance du peuple,
ces mêmes corps « qui annoncent les lois
lorsqu'elles sont faites et les rappellent lorsqu'on
les oublie » (57). L'auteur songe visiblement, ici,
aux « parlements » de l'ancien régime, dont on
connaît le rôle politique important dans la monarchie française du XVIIIe siècle (58).

Nous pouvons tirer à présent quelques conclusions d'ordre général sur la fonction que le prin-

cipe de la « distribution des pouvoirs » est invité
à accomplir dans l'analyse et la systématisation
des différents régimes politiques « modérés » ou
non-despotiques (légitimes).

Il est manifeste qu'en parlant de « distribution
des pouvoirs », l'auteur de l'*Esprit des Lois* a
constamment sous les yeux le schéma rationnel
des trois fonctions essentielles de l'Etat : législation, exécution, justice. Toutefois, l'usage qu'il
en fait est déterminé, généralement, par des
considérations d'ordre plus sociologique que
juridique. Les « pouvoirs » ou les « puissances »
qui sont appelés, suivant la « nature » et le
« principe » de chaque régime politique, à assu-
mer telle ou telle compétence ne sont pas fictifs,
mais réels; ils possèdent une existence en soi,
objectivement, en tant que « forces » ou « structures » sociologiquement déterminées. Ces forces
ou ces structures ne sont pas arbitrairement
adaptées au schéma de la distinction fonctionnelle tripartite; c'est la distinction fonctionnelle
qui suit, au contraire, fidèlement leur existence
diversifiée, et sert de mesure idéale en vue d'apprécier le degré de liberté politique dont chaque
forme d'Etat et de gouvernement est capable
concrètement. C'est ce qui permet à Montesquieu
de dire, en particulier, qu'une certaine liberté est
possible même en monarchie modérée, à condition que le monarque y soit limité par des lois
fondamentales et qu'en outre, tout en détenant
la législation et l'exécution, il soit au contraire
dépouillé de la puissance judiciaire, qui doit
appartenir, selon ce qui a été dit plus haut, « à
ses sujets » (59). En fait, les « sujets » dont
il est question ici sont bien autre chose que de
simples particuliers. Ce qui distingue réellement
le despotisme de la monarchie, celle du type

français en particulier, c'est l'existence d'une classe privilégiée, à titre héréditaire, et dont le sort est lié intimement à celui du gouvernement monarchique. Les lois fondamentales de ce gouvernement, écrit Montesquieu, supposent, en effet, nécessairement « des canaux moyens où coule la puissance : car, s'il n'y a dans l'Etat que la volonté momentanée et capricieuse d'un seul, rien ne peut être fixe, et par conséquent aucune loi fondamentale » (60). La classe nobiliaire est contenue en quelque sorte dans la « nature » de la monarchie, selon la maxime : « point de monarque, point de noblesse; point de noblesse, point de monarque; mais on a un despote » (61). L'attribution du pouvoir judiciaire à l'aristocratie nobiliaire est donc à la fois une question d'expérience et un problème de calcul politique, en vue d'assurer au mieux la liberté politique dans ses rapports avec la constitution monarchique. Inversement, dans les républiques, démocratiques (comme celle établie par Solon) ou aristocratiques (comme les républiques italiennes récentes), la justice est attribuée ou devrait être attribuée, selon les mêmes principes d'expérience et de calcul rationnel, à d'autres personnes ou corps que ceux qui incarnent les idées et les intérêts des catégories sociales privilégiées. L'idée de distribution fonctionnelle demeure, mais le mode de cette distribution est variable, selon la « nature » et le « principe » de chaque type de régime politique et — nous le verrons bientôt — selon l' « objet », aussi, de chaque Etat particulier.

Il est particulièrement important de constater que Montesquieu n'envisage, tout le long de son enquête, que ce mode de distribution fonctionnelle verticale et néglige, plus ou moins (62), les différentes modalités de décentralisation ou de déconcentration horizontale, en tant que critères éventuels permettant de mesurer le degré de liberté de la constitution et du citoyen. Cela s'explique par le fait qu'il est adepte, ainsi que nous l'avons indiqué dès le début de cette étude, de l'Etat souverain et unitaire. S'il reconnaît, sous certaines conditions que nous avons évoquées précédemment, le rôle constitutionnel de la noblesse, ce n'est pas pour mettre en cause la centralisation effectuée par la monarchie — avec le concours de la bourgeoisie et aux dépens de la féodalité dominante (63) —, mais pour écarter un régime policier contradictoire, à ses yeux, à la fois aux libertés historiques des peuples européens et aux droits élémentaires de la personne humaine en général. Montesquieu s'est trompé, certes, quant aux possibilités d'une réforme authentiquement libérale au sein de la société française et européenne sans un effondrement préalable de ses assises sociales semi-féodales. Il semble bien, toutefois, qu'il n'a envisagé cette réforme que comme l'une des formules possibles de solution du problème de la liberté politique, réclamée avec tant d'insistance par les esprits avancés du siècle. Le fait qu'il a accordé, parallèlement, dans son ouvrage, une place si importante au régime politique de l'Angleterre, aux côtés de celui de la république romaine, prouve, toutefois, qu'en spéculant sur les monarchies aristocratiques de son temps, le philosophe se posait bien moins comme le représentant d'un parti politique « féodal » que comme le porte-drapeau d'une pensée scientifique largement ouverte à toutes les expériences politiques possibles et, en particulier, à celles qui seraient susceptibles de lui permettre de mieux approfondir le problème éternel des rapports du pouvoir et de la liberté. Les limites de cette pensée devraient être recherchées, dès lors, raisonnablement, ailleurs que dans un attachement idéologique étroit, de sa part, à la cause de la féodalité. Mais il est temps de nous pencher, à présent, sur un sujet que nous avons à peine effleuré jusqu'ici, celui de la constitution anglaise.

NOTES DU CHAPITRE II

(1) Sur la structure de l'*Esprit des Lois,* et sur le problème de son unité, voyez l'Introduction de Robert DERATHÉ, à son édition de l'ouvrage, p. xxxiii et suiv., ainsi que les développements de Louis ALTHUSSER, *op. cit.,* p. 43 et suiv. et de Raymond ARON, *op. cit.,* p. 30-31.

(2) Il est à rappeler que la rédaction de l'*Esprit des Lois* a duré une vingtaine d'années, pendant lesquelles Montesquieu a révisé plus d'une fois ses manuscrits. Devenu aveugle, vers la fin de cette période, il a dû dicter à sa fille bon nombre de chapitres. Voyez à ce sujet Jean BRETHE DE LA GRASSAYE, « l'histoire de l'*Esprit des Lois* » dans : *Montesquieu, sa pensée politique,* etc., p. 69 et suiv., ainsi que l'étude de Robert SHACKLETON, « La genèse de l'*Esprit des Lois* », *Revue d'Histoire littéraire de la France,* 1952, p. 425 et suiv. Cf. Simone GOYARD-FABRE, *op. cit.,* p. 43 et suiv.

(3) Notamment en ce qui concerne la notion d' « abus de pouvoir » capitale pour l'élaboration ultérieure de l'*Esprit des Lois*. Montesquieu reliait déjà, en effet, dans les *Considérations,* la notion d'abus de pouvoir à celle de « distribution » — non pas à proprement parler au sens fonctionnel, mais assurément au sens sociologique ou politique du terme. Il écrivait, entre autres (chap. VIII) : « Les censeurs jetaient les yeux tous les cinq ans sur la situation actuelle de la république, et distribuaient de manière le peuple dans ses diverses tribus, que les tribuns et les ambitieux ne pussent pas se rendre maîtres des suffrages, et que le peuple même ne pût pas abuser de son pouvoir. » Et l'auteur de poursuivre : « Le gouvernement de Rome fut admirable, en ce que, depuis sa naissance, sa constitution se trouva telle, soit par l'esprit du peuple, la force du sénat ou l'autorité de certains magistrats, que tout abus du pouvoir y pût toujours être

corrigé. » Le même enseignement se dégage, par ailleurs, aux yeux de Montesquieu, dans les autres Etats de l'antiquité : « Carthage périt, parce que, lorsqu'il fallut retrancher les abus, elle ne put souffrir la main de son Annibal même » (*ibid.*, où l'on trouve aussi des références à Athènes et aux républiques d'Italie). Enfin, dans ce même chapitre des *Considérations* et dans la continuation de la même idée d' « abus de pouvoir », on trouve ce passage sur l'Angleterre : « Le gouvernement d'Angleterre est plus sage, parce qu'il y a un corps qui l'examine continuellement, et qui s'examine continuellement lui-même; et telles sont ses erreurs, qu'elles ne sont jamais longues, et que, par l'esprit d'attention qu'elles donnent à la nation, elles sont souvent utiles. » L'on voit que l'idée d'abus ne conduit pas encore l'auteur à envisager un développement plus ample du sujet. Son but est, ici, de souligner la nécessité d'un système d'autocorrection du régime — par le truchement de l'institution des censeurs, à Rome, par celui du parlement, en Angleterre. Toutefois, on y trouve déjà en germe les trois idées : de modération, de distribution et d'abus de pouvoir. Sur les petits écrits antérieurs aux *Contributions*, voyez Jean BRETHE DE LA GRASSAYE, « Introduction » à son édition de l'*Esprit des Lois*, p. XI-XIII.

(4) Liv. X, chap. 4.

(5) *Ibid.*

(6) *Politique*, VII, 4, 1318.

(7) Aristote puisait, naturellement, très largement dans le fond commun des idées grecques concernant le *nomos*. Voyez à ce sujet l'ouvrage de Mme DE ROMILLY, *La loi dans la pensée grecque*, Paris, 1972, ainsi que notre étude « Thémis et Nomos. De Mycènes à Homère », dans les *Archives de philosophie du droit* (1974) actuellement sous presse.

(8) Sous le couvert de l'absence, en Angleterre, de constitution écrite, cette suprématie a été identifiée progressivement avec la supériorité absolue des règles et prescriptions émanant du parlement. Après avoir été admirée et défendue vigoureusement par Dicey, au cours du XIXe siècle, cette conception a fait récemment l'objet de vives critiques, notamment de la part de JENNINGS (*The Law and the Constitution*, 5e éd., 1967, p. 49 et suiv.). Cf. WADE et PHILLIPS, *Constitutional Law*, 1947, p. 45 et suiv.; J. D. B. MITCHELL, *Constitutional Law*, Edimbourg, 1964, p. 272 et suiv. Dans l'*Esprit des Lois*, la Règle de droit, envisagée dans le cadre de la constitution anglaise, possède une signification à la fois formelle et matérielle : elle émane du parlement et elle est règle générale et impersonnelle.

(9) On trouvera dans la deuxième partie de l'ouvrage déjà cité de Michel TROPER, notamment aux p. 114 et suiv., des larges développements consacrés à l'idée de classement hiérarchique des fonctions étatiques.

(10) Consécutivement sans doute à l'évolution économique rapide de cette société, en comparaison avec l'agrarianisme prédominant encore sur le continent européen.

(11) Il serait erroné de dire que la distinction entre la société et l'Etat était ignorée pendant le XVIIIᵉ siècle, comme le fait Michel TROPER, *op. cit.*, p. 123. Toute l'opposition à l'égard du mercantilisme et à l'égard de l'Etat de police s'en inspire. Voyez H. CUNOW, *Die marx'sche Geschichts-Gesellschafts und Staatstheorie*, 4ᵉ éd., 1923, p. 96 et suiv. Sur les répercussions de cette distinction dans le domaine des institutions juridiques et politiques du XIXᵉ siècle, cf. Georges VLACHOS, « La structure des droits de l'homme et le problème de leur réglementation en régime pluraliste », *Revue internationale de droit comparé*, 1972, p, 279 et suiv.

(12) Voyez, à ce sujet, la vieille mais toujours très utile étude de J. HATSCHEK, *Englische Verfassungsgeschichte*, p. 505 et suiv.

(13) Liv. II, chap. 5.

(14) Liv. III, chap. 9.

(15) Sur la notion de « principe » des constitutions, cf. *ci-dessous,* dans ce chapitre. Cf. F. WEIL, « Montesquieu et le despotisme », *Actes du Congrès Montesquieu,* p. 191-215.

(16) Car, du point de vue de la « liberté dans ses rapports avec le citoyen », Montesquieu n'exclut pas la possibilité de quelques assouplissements mineurs. Voyez notamment liv. XII, ch. 29 : « Des lois civiles propres à mettre un peu de liberté dans le gouvernement despotique ».

(17) Liv. XI, chap. 18. Sur la critique du despotisme turc, ainsi que du despotisme de la Moscovie, voyez *Lettres persanes*, XIX et *Esprit des Lois*, V, 14, 15, XXII, 14. Denis RICHET, *op. cit.,* p. 154, met en contraste, uniquement, la monarchie et le despotisme. En fait, ce dernier terme désigne les gouvernements illégitimes en général, indépendamment de la forme d'Etat et de gouvernement. Cf. R. ARON, *op. cit.,* p. 36-37, qui définit plus ou moins largement la portée du despotisme, quoiqu'il en limite les applications, dans le cadre de l'*Esprit des Lois,* au gouvernement d'un seul. Voyez cependant, à titre d'exemple, *Mes Pensées,* nᵒ 32 : « Une faction qui domine n'est pas moins terrible qu'un prince en colère ».

(18) Liv. XI, chap. 6.

(19) *Ibid.*

(20) Michel TROPER, *op. cit.*, p. 113 et suiv., a raison de distinguer logiquement entre l'idée de non-cumul des fonctions et « les distinctions politico-sociales, qui prennent en considération les fins ou l'objet de l'activité étatique ». En fait, pourtant, ce qui est propre à Montesquieu, et ce qui éloigne, plus ou moins, sa pensée du dogmatisme des juristes positivistes, c'est d'avoir croisé systématiquement, sans les confondre, l'idée de non-cumul des fonctions et celle d'équilibre, de balance et de modération entre forces politico-sociales possédant une existence propre, conceptuellement et pratiquement indépendante des fonctions qu'elles sont éventuellement appelées à remplir dans l'Etat.

(21) Cf. les citations faites à ce sujet dans notre Avant-Propos.

(22) Comme il a été soutenu par Marcel PRÉLOT, dans son étude : « Montesquieu et les formes du gouvernement », dans *Montesquieu, sa pensée politique,* etc., p. 119 et suiv. Certains auteurs, depuis Paul JANET, ont supposé qu'il y a une évolution de la pensée de Montesquieu, en ce sens que la distinction des trois gouvernements domine les premiers livres de l'*Esprit des Lois,* tandis que dans la suite de l'ouvrage prévaut la notion de gouvernement modéré, en liaison avec celle de séparation des pouvoirs (voir ainsi R. DERATHÉ, Introduction, *loc. cit.,* p. IV-V). En réalité, l'idée de modération joue déjà un rôle capital dès les premiers livres de l'*Esprit des Lois,* où il est établi la distinction entre les « gouvernements modérés » et les « gouvernements despotiques » (voir notamment liv. III, chap. 10-11). Quant à la « séparation des pouvoirs », elle n'a pas attendu le livre XI pour être mise en valeur; on la trouve déjà exposée au livre II, chap. 4, à propos de la monarchie. C'est à partir de ces idées, croyons-nous, que la politique de Montesquieu se développera désormais dans un double effort d'explication suivant l'idée générale de causalité, d'une part, et selon un petit nombre de types idéaux, de l'autre. Cf. R. ARON, *op. cit.,* p. 29.

(23) Liv. XI, chap. 9. Robert DERATHÉ, *ibid.,* p. III-IV, suivant en cela R. SHACKLETON, *loc. cit.,* invoque ce passage pour démontrer que dans les huit premiers livres de son ouvrage, Montesquieu avait considéré la république préférable à la monarchie, et qu'il a ensuite changé d'avis. En fait, le philosophe n'émet pas, dans le passage mentionné, un jugement de valeur quelconque quant à la supériorité de la forme républicaine; il se rapporte

strictement à l'analyse scientifique et technique de la forme monarchique et rien de plus. Quant à la prétendue évolution de la pensée de Montesquieu, elle nous paraît simplement imaginaire. Le philosophe a exposé les avantages et les inconvénients de tous les régimes politiques « légitimes », « républicains » ou « monarchiques », aussi objectivement qu'il a pu le faire, mais en prenant soin d'y relever toujours, pour chacun d'entre eux, ce qui pourrait constituer un danger de glissement ou de simple inflexion vers le despotisme. Tout aussi exagérée nous paraît l'opinion de L. ALTHUSSER, *op. cit.*, p. 65 et suiv., qui minimise outre mesure la portée des expériences républicaines étudiées par Montesquieu. Celui-ci a bien le sens du réel pour ne pas prêcher le retour à la cité démocratique de l'antiquité ; il n'en étudie pas moins la constitution avec autant d'intérêt qu'il ne l'ait fait à propos des Etats « modérés » de l'époque moderne. S'il se montre réservé, voire critique vis-à-vis des démocraties « populaires », c'est-à-dire des démocraties directes, il ne faut pas y voir une répugnance systématique envers le peuple, mais une méfiance raisonnée envers la foule en tant que foyer de décisions politiques directes. C'est à tort, donc, qu'ALTHUSSER, *ibid.*, p. 70, invoque le passage du livre XV, chap. 18 : « dans le gouvernement, même populaire, la puissance ne doit point tomber entre les mains du bas-peuple ». L'expression « bas-peuple » se réfère d'ailleurs, ici, aux esclaves affranchis, dont Montesquieu préconise l'assimilation politique modérée et progressive et non pas massive et brutale.

(24) *Politique*, IV, 14, 1297 a.

(25) Liv. XI, chap. 11. Ce passage concerne sans doute Aristote. Certains commentateurs de Montesquieu ont pensé que la doctrine d'Aristote possède une signification « formelle » et que, de ce fait, le philosophe grec ne pouvait exercer aucune influence sur la pensée de l'auteur de l'*Esprit des Lois*. Voyez ainsi, par exemple, SAINT-GIRONS, *Essai sur la séparation des pouvoirs*, 1884, p. 17, note 4. Cette conclusion n'est pas exacte. Montesquieu ne prétend pas que la distinction aristotélicienne des « éléments » de l'Etat soit sans rapport avec la distinction tripartite des fonctions, mais il affirme que l'auteur de la *Politique* restreint sa validité au sein, uniquement, de la *politie* au sens étroit de ce terme ; ce qui est erroné, ainsi que nous l'indiquons dans notre texte. Cf. *ci-dessous*, note 27.

(26) Ainsi, par exemple, R. DERATHÉ, dans son édition de l'*Esprit des Lois*, t. I, p. 483, note 28.

(27) Il serait injuste, par conséquent, d'affirmer abstraitement qu'Aristote « ne considère pas nécessaire

l'exercice des différentes fonctions par des organes différents » : Georg JELLINEK, *Allgemeine Staatslehre*, 3ᵉ éd.
(1920), p. 56-57. Cf. W. HERBERT, *op. cit.*, p. 4-5. En dépit
de l'attribution de compétences matériellement hétérogènes au même organe (« croisement » ou « dédoublement fonctionnel »), il n'est pas difficile de constater que
la séparation aristotélicienne répond bien, formellement
ainsi que matériellement (dans la mesure où la forme du
régime politique le permet, comme cela arrive à la
politie), au schéma de la distinction fonctionnelle tripartite. Ainsi, dans la *politie*, il appartient au premier
des trois pouvoirs (τό βουλευόμενον) la promulgation
et l'abrogation des lois, en dépit du fait que le support
de ce pouvoir, l'assemblée du peuple, exerce également
un certain nombre d'autres compétences, dont l'énumération correspond généralement à la pratique du régime
politique athénien. Voyez Georg BUSOLT, *Griechische
Staatskunde*, II, 1926, p. 1005 et suiv. Pendant les deux
mille ans qui séparent Aristote de Montesquieu, l'idée de
séparation des pouvoirs a été plus ou moins oubliée —
à quelques exceptions près, sous l'empire notamment des
institutions républicaines de Rome : POLYBE, *Histoire*, II,
1, 6 ; CICERON, de *republica*, 1.31. Parmi les auteurs des
temps modernes, GROTIUS (*de iure belli ac pacis*, I, 1, c. 3,
§ 6), tout en invoquant Aristote, se limite néanmoins à
énoncer une distinction théorique abstraite, qui ne produit pas d'ailleurs, exactement, le contenu de la distinction aristotélicienne. Grotius distingue une première
fonction comprenant la promulgation et l'abrogation des
lois concernant l'intérêt général. Il identifie cette fonction avec l' « Architectonique » d'Aristote. Une deuxième
fonction comprend, d'après Grotius, la gestion des intérêts publics et privés en général (p. ex., la déclaration de
la guerre, la conclusion de la paix, le domaine public, etc.).
Cette deuxième fonction correspondrait, aux dires de
Grotius, à la fonction délibérante (τό βουλευόμενον)
d'Aristote. Enfin, l'auteur hollandais distingue une troisième fonction comprenant la solution des différends
privés — différente, par conséquent, du δικάζειν d'Aristote, qui attribue également au pouvoir judiciaire le con-
tentieux administratif.

(28) Monarchie, aristocratie, république. Comme nous
le montrons dans notre texte, ce mode de classement ne
sert à Montesquieu qu'à titre plus ou moins auxiliaire,
au cours d'analyses plus complexes des régimes politiques à partir de la « nature », du « principe » et de
l' « objet » de chacun d'eux.

(29) Liv. III, 1-9. Voyez à ce propos les excellentes
pages de Louis ALTHUSSER, *op. cit.*, p. 45 et suiv.

(30) Liv. II, chap. 4.

(31) Liv. III, chap. 3, 5.

(32) Liv. III, chap. 6.

(33) Liv. III, chap. 5.

(34) Liv. II, chap. 4. Le terme « lois fondamentales » est employé le plus souvent, dans l'*Esprit des Lois,* au sens de constitution matérielle (concrètement) ; il n'est donc pas équivalent à la « nature » du gouvernement, comme le pense ALTHUSSER, *ibid.,* p. 71.

(35) Liv. XXVIII-XXX.

(36) Cf. *ci-dessous,* chap. IV.

(37) Montesquieu se base, visiblement, sur Aristote (*Politique,* III, 14, 1280 a-b), qui semble cependant confondre à cette place la monarchie des temps mycéniens et celle de l'époque archaïque (à dominante « dorienne »).

(38) Liv. XI, chap. 11.

(39) Liv. XI, chap. 9.

(40) Liv. II, chap. 2.

(41) Liv. XI, chap. 12, 18.

(42) Liv. XI, chap. 12.

(43) Cf. *ci-dessous,* chap. III.

(44) Liv. X, chap. 13.

(45) Liv. XI, chap. 15.

(46) Liv. XI, chap. 16.

(47) Liv. XI, chap. 17.

(48) *Ibid.*

(49) Liv. XI, chap. 18. Cf. *ci-dessous,* p. 123 et suiv.

(50) *Ibid.*

(51) *Ibid.* : « Lorsqu'à Rome les jugements furent transportés aux traitants, il n'y eut plus de vertu, plus de police, plus de lois, plus de magistrature, plus de magistrats. » C'est un des nombreux passages où Montesquieu dénonce le danger de l'irruption de l'argent et de l'affairisme dans la gestion des services publics.

(52) Liv. XI, chap. 11.

(53) Exemple étudié : les républiques italiennes. Cf.
ci-dessous, chap. III. R. ARON, *op. cit.,* a raison de rappeler que « la distinction des types de gouvernement,
chez Montesquieu, est en même temps une distinction des
organisations et des structures sociales ». Ce qui met,
cependant, définitivement de l'ordre dans cet assemblage
de critères hétérogènes, c'est le principe de la « distribution des pouvoirs ».

(54) Liv. XI, chap. 7.

(55) Liv. V, chap. 8 : « L'esprit de modération est ce
qu'on appelle la vertu dans l'aristocratie ; il y tient la
place de l'esprit d'égalité dans l'Etat populaire. » La
meilleure garantie, dans les Etats aristocratiques, est
l'organisation stricte du statut de la noblesse. Montesquieu lui consacre un chapitre assez étendu (Liv. V,
chap. 8), où il conseille l'interdiction du commerce aux
nobles, la suppression du droit d'aînesse, la liberté de
mariage entre nobles et roturiers, un meilleur système
de fiscalité, etc. Tout en s'attachant à la conservation du
statut noble, Montesquieu vise à un réel rapprochement
de la noblesse et du peuple, à l'image de l'Angleterre très
certainement, mais sans s'y conformer en totalité.

(56) Voyez la critique de la justice retenue, au livre VI,
chap. 6 : « C'est encore un grand inconvénient, dans la
monarchie, que les ministres du prince jugent eux-mêmes
les affaires contentieuses. » Et plus loin, dans le même
chapitre : « Il y a, par la nature des choses, une espèce
de contradiction entre le Conseil du monarque et ses
tribunaux. »

(57) Liv. II, chap. 4.

(58) Les parlements, on le sait, avaient joué un rôle
constitutionnel de premier plan pendant les années
troubles de la Régence (1715-1723). C'est à cette époque
que Montesquieu, président à mortier du parlement de
Bordeaux, a rédigé et publié ses célèbres *Lettres persanes* (1721), où il juge sévèrement les régimes absolu-
tistes (« despotiques ») et loue les régimes modérés de
l'Angleterre, de la Hollande et de la Suisse (lettres 80,
14, éd. H. BARCKHAUSEN, p. 157 et suiv., 198 et suiv.).
Voyez à ce sujet Henri SÉE, *L'évolution de la pensée
politique en France au XVIIIe siècle,* 1923, p. 56 et suiv.,
ainsi que le récent ouvrage de Denis RICHET, *La France
moderne,* Paris, Flammarion (coll. « Sciences »), **1973,**
p. 153 et suiv. Sur le rôle des Parlements, voyez Henri
REGNAULT, *Manuel d'Histoire du droit français,* 5e éd.,
1947, p. 255 et suiv. ; Fr. OLIVIER-MARTIN, *Les Parlements
contre l'absolutisme traditionnel au XVIIIe siècle,* Cours,

1949-1950. Cf. *ci-dessus,* Avant-Propos, note 8. L'intérêt de Montesquieu pour les problèmes sociaux et politiques actuels de la France est demeuré, naturellement, aussi vif qu'auparavant pendant les années où il élaborait le texte de l'*Esprit des Lois,* ainsi que H. CARCASSONNE l'a montré dans son livre : *Montesquieu et le problème de la constitution française au XVIII*^e *siècle,* 1927. Cet auteur a apporté des preuves circonstanciées et documentées au sujet des influences que les événements politiques de la France, ainsi que la littérature politique française, ont exercé sur le contenu de cet ouvrage. Cependant Montesquieu était, du point de vue intellectuel, tout aussi Européen que Français ; et il serait erroné de restreindre sa science aux seuls problèmes d'actualité de la France. Cf. cette *pensée* bien caractéristique : « Un prince croit qu'il sera plus grand par la ruine d'un Etat voisin. Au contraire ! Les choses sont telles en Europe que tous les Etats dépendent les uns des autres. La France a besoin de l'opulence de la Pologne et de la Moscovie, comme la Guyenne a besoin de la Bretagne et la Bretagne de l'Anjou. L'Europe est un Etat composé de plusieurs provinces. »

(59) Liv. II, chap. 4.

(60) *Ibid.*

(61) *Ibid.*

(62) Il est vrai que Montesquieu parle incidemment des « républiques fédératives » (voyez, par exemple, liv. XI, chap. 8). D'autre part, dans les livres consacrés à la formation des lois et coutumes féodales (livres XXVIII et suiv.), il fait apparaître toute la complexité, géographique ou territoriale, des institutions juridiques et politiques de l'Europe moderne. Il pose d'ailleurs comme principe général, même dans le cadre de l'Etat unitaire, que l'uniformité ne doit pas servir partout de règle : la grandeur du génie politique consiste plutôt « à savoir dans quels cas il faut l'uniformité, et dans quels cas il faut des différences » (liv. XXX, chap. 18). Cependant, il manque, dans l'*Esprit des Lois,* une théorie du fédéralisme analogue à celle de la distribution verticale (fonctionnelle) des pouvoirs. Les développements sommaires contenus au libre IX, chap. 3 ne sauraient être considérés comme une telle théorie.

(63) Comme nous le faisons remarquer dans notre texte, à cet aspect inégalitaire des institutions historiques, Montesquieu oppose l'idée de liberté et de personnalité de l'homme en général. Loin de postuler l'inégalité comme une vérité morale ou philosophique, il la prend comme

une donnée réelle de l'histoire, donnée toute relative, d'ailleurs, puisque l'on peut aussi puiser dans l'histoire des exemples d'un égalitarisme, juridique et politique, plus ou moins poussé, de la république athénienne à celle de Rome et de celle-ci à la « liberté germanique » et à la « liberté anglaise ». Il est à noter, d'autre part, qu'en ce qui concerne l'inégalité économique, Montesquieu a toujours redouté l'influence néfaste des grandes fortunes, aussi bien dans les républiques que dans les monarchies. Dans les *Considérations* (chap. X), il avait déjà attribué en grande partie la perte de la république romaine à l'enrichissement excessif des uns et à l'appauvrissement total des autres. Dans plusieurs chapitres de l'*Esprit des Lois*, il s'attaque, également, aux puissances de l'argent et redoute les propriétés excessives de la noblesse. Il n'en conserve pas moins l'idée de monarchie légitime, dotée de « pouvoirs intermédiaires », dont la seule invocation a fait penser à certains auteurs que Montesquieu est un représentant typique du parti « féodal » (cf. *ci-dessus*, Avant-Propos). Mais peut-on vraiment reprocher à Montesquieu d'avoir mis en évidence cette vérité élémentaire, que la monarchie n'est pas concevable sans un support aristocratique puissant ? Une monarchie égalitaire, bourgeoise ou prolétarienne, est un mythe aussi inconcevable qu'absurde, auquel l'empiriste Montesquieu ne saurait souscrire en aucune manière. Celui-ci constate, au contraire, que la monarchie française, en se privant de ses ressources et de ses supports historiques, tend inévitablement à engendrer le despotisme d'un seul. Or, nous savons que depuis les *Lettres persanes*, le philosophe combat le despotisme sous toutes ses formes; il écrit dans la centième lettre : « Qui peut penser qu'un Royaume, le plus ancien et le plus puissant de l'Europe, soit gouverné pendant plus de dix siècles par des lois qui ne sont pas faites pour lui ? Les français ont abandonné les lois anciennes, faites par les premiers rois dans les assemblées générales de la Nation. » Prône-t-il dès lors le retour à un régime politico-social purement et simplement inégalitaire et aristocratique ? Or, l'*Esprit des Lois* ouvre les perspectives les plus larges à une politique de réformes possibles, dans la mesure où il englobe indistinctement dans son dessein les républiques antiques et la « liberté anglaise » moderne. Mieux encore : Montesquieu fait de l'idée de liberté humaine fondamentale le critère invariable de légitimité de tous les régimes politiques. Loin d'être le *credo* idéologique du philosophe, la monarchie réformée de la France qu'il propose est plutôt une formule de résignation ou une conclusion de sagesse et de prudence. Car il sait combien il est difficile de passer, sans discontinuer, d'un régime d'oppression à un régime de liberté. Il écrit, en méditant simultanément

sur le régime de la France et sur celui de l'Angleterre :
« Une nation libre peut avoir un libérateur; une nation
subjuguée ne peut avoir qu'un autre oppresseur. Car tout
homme, qui a assez de force pour chasser celui qui est
déjà le maître absolu dans un Etat, en a assez pour le
devenir lui-même » (*Esprit des Lois*, liv. XI, chap. 27,
cf. *Considérations*, chap. IX). En vérité, Montesquieu sait
très bien depuis longtemps que si l'aristocratie héréditaire est le support réel de la monarchie, cette aristocratie est inconcevable dans les républiques légitimes.
Il écrivait déjà dans les *Considérations* : « les Républiques, où la naissance ne donne aucune part au gouvernement, sont à cet égard les plus heureuses; car le
peuple peut moins envier une autorité qu'il donne à qui
il veut, et qu'il reprend à sa fantaisie ». Mais il sait tout
aussi bien que la richesse seule, sans la naissance, peut
occasionner autant, sinon plus de ravages politiques.
Décidément, on ne peut pas reprocher à Montesquieu
d'avoir redouté l'ascension, sur les traces de l'absolutisme monarchique, de la féroce dictature de classe de la
bourgeoisie et les méthodes policières de nouveaux
« maîtres absolus » à venir ! Tout au plus, on pourrait
lui reprocher son réformisme ; mais il faudra encore
quarante ans pour que l'idée d'une révolution populaire
se substitue, en France et en Europe, à l'idée de développement spontané et organique des régimes politiques.
Cf. les brèves, mais judicieuses remarques de Denis Richet, *op. cit.*, p. 155 : « On a beaucoup dit que l'idéal
aristocratique de Montesquieu, l'insistance mise sur le
rôle des corps intermédiaires aurait rendu son influence
« réactionnaire » dans les luttes politiques du XVIIIe siècle.
C'est, selon moi, un contresens absolu. Ce qui comptait
pour lui, ce n'étaient pas les justices féodales, c'était la
nécessité d'une élite comme rempart des libertés. »
Au-delà de ces réserves, la pensée politique de Montesquieu dans le domaine économique et social demeure
ouverte à l'idée générale de lumières et d'élévation du
niveau de vie. Voyez à ce sujet, en dehors des développements contenus dans l'*Esprit des Lois,* les « Considérations sur les richesses de l'Espagne » (*Œuvres complètes,* III, p. 153-154). Jean Ehrard, *La politique de
Montesquieu,* p. 37, n'a pas tort d'écrire : « *L'Esprit des
Lois,* ce sont Boulainvilliers et Saint-Simon traduits, par
anticipation, dans le langage d'Helvetius et d'Adam
Smith... Son langage l'entraîne bien au-delà des compro-
mis trop raisonnables dont s'accommode sa prudente
sagesse. « Liberté, propriété, sûreté » : la devise du baron
d'Holbach est déjà sienne... »

CHAPITRE III

La liberté comme « objet » du gouvernement. Le « modèle » anglais et la « distribution des pouvoirs »

———

Il est significatif qu'avant même de procéder à l'analyse du régime politique anglais, Montesquieu s'empresse d'ajouter aux distinctions générales des régimes politiques que nous connaissons — d'après la « nature » ou le « principe » — une nouvelle distinction particulière, selon l' « objet » de chaque Etat donné historiquement. Selon cette distinction, l' « objet » propre de la République romaine était la conquête (1), celui de la Lacédémone la guerre, et ainsi de suite (2). L' « objet » propre de l'Angleterre est la liberté ou, plutôt, un genre particulier de liberté : « Il

Les notes sont insérées à la fin du chapitre.

y a aussi une nation dans le monde qui a pour
objet direct de sa constitution la liberté politique. Nous allons examiner les principes sur
lesquels elle la fonde. S'ils sont bons, la liberté
y paraîtra comme dans un miroir. » Ce n'est
qu'après avoir écrit ces mots que Montesquieu
entreprend l'analyse minutieuse et quasi exhaus-
tive des mécanismes constitutionnels anglais.

Comme nous l'avons fait remarquer précédemment, la liberté politique, au sens objectif,
est possible, d'après notre philosophe, seulement
dans les régimes « modérés ». Dans la mesure
où le régime politique anglais a comme « objet »
la liberté, on devrait naturellement le qualifier,
en principe du moins, de « modéré », bien qu'il
apparaisse extérieurement comme une monarchie. Cependant, nous savons que ce qui permet
de classer la monarchie parmi les régimes « modérés », c'est l'existence, dans son sein, de « pouvoirs intermédiaires, subordonnés et dépendants ». Puisque l'Angleterre est formellement
une royauté, il est naturel d'examiner, en tout
premier lieu, si elle possède cet élément qui
caractérise en particulier les monarchies conti-
nentales, c'est-à-dire les « pouvoirs intermédiaires, subordonnés et dépendants ».

Complétant ses réflexions au sujet de la
monarchie moderne dans un chapitre précédent
de son œuvre, Montesquieu ajoutait cette
remarque : « Il y a des gens qui avaient imaginé,
dans quelques Etats en Europe, d'abolir toutes
les justices des seigneurs. Ils ne voyaient pas
qu'ils voulaient faire ce que le parlement d'Angleterre a fait. Abolissez dans une monarchie les
prérogatives des seigneurs, du clergé, de la
noblesse et des villes; vous aurez bientôt un Etat
populaire, ou bien un Etat despotique. » Un peu

plus loin, il remarquait encore : « Les Anglais, pour favoriser la liberté, ont ôté toutes les puissances intermédiaires qui formaient leur monarchie. Ils ont bien raison de conserver cette liberté; s'ils venaient à la perdre, ils seraient un des peuples les plus esclaves de la terre » (3).

Faudrait-il en conclure que l'Angleterre, en dépit de la forme monarchique apparente de son régime, est devenue d'ores et déjà un « Etat populaire » (une démocratie) ? Mais, si cela était vrai, comment, dès lors, pourrait-on qualifier encore de « modérée » la constitution de ce pays et lui assigner comme « objet » particulier la « liberté » ?

Le chapitre VI du livre XI de l'*Esprit des Lois*, qui expose les principes et les techniques de la constitution anglaise, rappelle, à certains égards, les axiomes de la philosophie géométrique du XVIIᵉ siècle : bien qu'ils se rapportent à des problèmes immédiatement pratiques, ces axiomes se présentent sous forme de propositions apodictiques, valables, à première vue, pour tous les Etats et à tous les moments de leur existence. Pareille uniformité des principes et des actions n'est pas, toutefois, du goût de l'auteur de l'*Esprit des Lois*, en dépit de l'abstraction apparente de son style. Nous savons déjà, en effet, que Montesquieu a tout mis en œuvre pour mettre en valeur la singularité des situations sociologiques et historiques. D'ailleurs, le philosophe a pris soin de nous apprendre, dans le titre aussi bien que dans l'épilogue du chapitre VI, qu'il ne s'agit en fait, dans cette partie de l'œuvre, que de la constitution anglaise. Cependant, on relève aussi, vers la fin de ce même chapitre, un curieux passage qui contribue à multiplier les difficultés que l'on éprouve déjà

à la suite du mode de formulation quasi géométrique des idées et des techniques constitutionnelles exposées dans ce chapitre. On y lit
notamment ces mots : « Ce n'est point à moi
d'examiner si les Anglais jouissent actuellement
de cette liberté, ou non. Il me suffit de dire
qu'elle est établie par leurs lois, et je n'en cherche pas davantage. » Que signifie donc cette
affirmation — plutôt insolite — de la part d'un
empiriste aussi convaincu que l'auteur de l'*Esprit des Lois* ?

Comme il vient d'être noté, le passage précédent constitue l'un des derniers paragraphes de
la partie de l'ouvrage consacrée spécialement à
la « nature » de la constitution anglaise, et il est
aussi en quelque sorte le point final de l'ensemble
des développements contenus aux chapitres I-V
du livre XI. Dans tous ces chapitres, Montesquieu donne la définition de la liberté « d'après
la constitution » — liberté dont nous savons
qu'elle est liée constamment au principe de la
« distribution des pouvoirs »; il énumère, ensuite, les « objets » particuliers de différents
Etats. Les principes de la constitution anglaise
analysés par la suite visent fondamentalement
à présenter la formule anglaise de « distribution
des pouvoirs ». Ils se situent donc au niveau de
la « nature » du gouvernement anglais, c'est-à-
dire au niveau de sa mécanique générale,
« d'après les lois de sa constitution ». Il reste
encore, dès lors, à examiner ultérieurement si
cette mécanique fonctionne réellement conformément au « principe » et à l' « objet » particulier de ce régime politique. Il n'en demeure
pas moins que l'affirmation faite par l'auteur
à la fin du chapitre VI mentionné, au sujet
du caractère plus ou moins théorique de la

description qu'il venait de donner, est de nature à susciter une certaine surprise ou une relative confusion dans les esprits. Certains de ses commentateurs invoquent cette affirmation pour démontrer que les idées exposées au chapitre VI du livre XI sont, purement et simplement, subjectives et arbitraires (4). On pense aussi, de façon plus modérée, que Montesquieu, tout en étant parti de certaines données vraies du régime britannique, n'en a pas moins donné l'image d'une Angleterre plus « construite » que réelle (5). Les juristes et les philosophes du XVIIIe et du XIXe siècle avaient trouvé à ce problème une solution beaucoup plus radicale, ainsi que nous l'avons rappelé au commencement de cette étude (6), en faisant notamment abstraction de son soubassement sociologique et historique, et en considérant la « distribution des pouvoirs » comme une vérité juridique apriorique ou comme un dogme métaphysique.

Avant de nous prononcer sur le degré de réalité des analyses contenues au chapitre VI, il convient de nous pencher, suivant le plan de travail appliqué par Montesquieu lui-même, sur les « principes » qui ont guidé ces analyses.

Ces principes sont exposés d'abord sous une forme négative : « Il n'y a point encore de liberté si la puissance de juger n'est pas séparée de la puissance législative et de l'exécutrice. Si elle était jointe à la puissance législative, le pouvoir sur la vie et la liberté des citoyens serait arbitraire; car le juge serait législateur. Si elle était jointe à la puissance exécutrice, le juge pourrait avoir la force d'un oppresseur. Tout serait perdu si le même homme, ou le même corps des principaux, ou des nobles, ou du peuple, exerçaient ces trois pouvoirs : celui de faire des lois, celui d'exécuter les résolutions publiques, et celui de juger les crimes ou les différends des particuliers » (7).

Si nous suivons à la lettre la formulation précédente des principes, nous comprenons qu'il ne s'agit plus ici, à propos du régime politique anglais, d'une distinction conceptuelle ou théorique des trois fonctions, mais d'une « distribution » ou d'un partage des pouvoirs et des organes conformément au schéma de la distinction fonctionnelle tripartite. Cette distinction n'apparaît pas comme un moyen auxiliaire, à la fois variable et souple, en vue d'assurer la « liberté politique dans ses rapports avec la constitution » au sein d'un gouvernement « modéré ». A présent, la liberté est de l'essence même du régime, son « objet » ou son « hypothésis », tandis que la « distribution des pouvoirs » exprime à la fois sa « nature » et son « principe ». En d'autres termes, il est ici postulé au départ en un degré bien plus élevé que partout ailleurs, une réelle dépendance réciproque entre le système politique et la liberté de l'homme et du citoyen.

Cette constatation n'est pas dépourvue d'importance — nous le verrons un peu plus loin —, quand on veut approfondir la manière dont le mécanisme élaboré au chapitre VI doit fonctionner, ainsi que le degré de sa correspondance avec les réalités constitutionnelles anglaises. Mais elle montre déjà, clairement, que le philosophe se réfère, ici aussi fondamentalement, à des critères puisés uniformément dans la réalité sociale du droit et de la politique. Après avoir servi, en effet, de critère ou de présupposition objective de la « modération » en général, la liberté, sous sa double forme de liberté constitutionnelle et de liberté humaine substantielle, gagne encore davantage en intensité et devient à présent « objet », c'est-à-dire contenu essentiel du régime politique, dominant en quelque sorte entièrement ses principes et ses techniques. C'est donc encore en référence à un critère sociologique complexe, mais réel et objectif, que la « distribution des pouvoirs » dont la constitution anglaise est capable se doit d'être comprise et mesurée. Cela suffirait, certes, pour effacer par avance tout soupçon de formalisme et de positivisme d'esprit étroit. De fait, le dessein de Montesquieu demeure vaste et profond; ce dessein vient s'insérer naturellement dans un tout dont nous avons suffisamment souligné jusqu'ici le caractère systématique et la cohérence logique.

Voyons maintenant de plus près de quoi il s'agit exactement quand il est question des Anglais et de leur liberté.

En se penchant sur la constitution anglaise, l'auteur de l'*Esprit des Lois* prend comme point de départ de sa réflexion la théorie générale du régime représentatif, telle qu'elle a été élaborée par Locke et ses partisans à partir de l'idéologie libérale (8). « Dans un Etat libre », écrit-il, « tout homme qui est censé avoir une âme libre doit être gouverné par lui-même » (9). En appliquant ce principe, on devrait conclure normalement qu'il faudrait attribuer au peuple en corps la puissance législative. « Mais comme cela est impossible dans les grands Etats, et est sujet à beaucoup d'inconvénients dans les petits, il faut que le peuple fasse par ses représentants tout ce qu'il ne peut faire par lui-même » (10).

Montesquieu avait déjà démontré auparavant, notamment au livre II, chapitre II, que le peuple, qui est parfaitement capable de choisir ses

représentants, est totalement incapable, au contraire, de gérer lui-même les affaires publiques.
Etant en elle-même illégitime, dans la mesure
où elle ne comporte aucune forme de « distribution des pouvoirs », la démocratie directe s'avère
aussi pratiquement inefficace, voire nuisible.
C'est la raison pour laquelle on lui préfère généralement, dans le monde moderne, le régime
représentatif et électif. Lisons plutôt ces mots,
que l'on reproduit si souvent dans les manuels
de droit constitutionnel : « Le peuple est admirable pour choisir ceux à qui il doit confier une
partie de son autorité. Il n'a à se déterminer que
par des choses qu'il ne peut ignorer, et des faits
qui tombent sous le sens. Il sait très bien qu'un
homme a été souvent à la guerre, qu'il y a eu
tels ou tels succès : il est donc très capable
d'élire un général » (11).

Cependant, il ne faudrait pas penser un seul
instant que le philosophe considère l'idée représentative comme un précepte politique simple,
susceptible d'être mis facilement en œuvre.
L'auteur de l'*Esprit des Lois* a encore sous les
yeux, à propos de l'Angleterre même, ce qui a
toujours été pour lui le fondement de réalité
d'un ordre constitutionnel équilibré et juste : la
structure sociale, économique, juridique et morale sur laquelle cet ordre est bâti. S'agissant,
plus particulièrement, de la constitution anglaise,
il analyse aussitôt en ces termes la portée de
l'idée représentative, sans pourtant avoir l'air de
s'y référer directement : « Il y a toujours dans
un Etat des gens distingués par la naissance, les
richesses ou les honneurs; mais s'ils étaient confondus parmi le peuple, et s'ils n'y avaient
qu'une voix comme les autres, la liberté commune serait leur esclavage, et ils n'auraient

aucun intérêt à la défendre, parce que la plupart des résolutions seraient contre eux » (12). Il s'agit bien sûr d'expliquer simplement ce qui est réellement ou ce qui résulte logiquement de la réalité des faits, tels qu'ils sont donnés objectivement dans l'expérience britannique. Pour sauvegarder la liberté des citoyens privilégiés et pour y assurer en même temps un équilibre stable dans les rapports politiques en général, il s'avère nécessaire, aux yeux de Montesquieu, que « la part qu'ils (les privilégiés) ont à la législation » soit « proportionnée aux autres avantages qu'ils ont dans l'Etat ». Ce résultat est obtenu « s'ils forment un corps qui ait le droit d'arrêter les entreprises du peuple, comme le peuple a droit d'arrêter les leurs ». Et Montesquieu de conclure : « Ainsi, la puissance législative sera confiée, et au corps des nobles, et au corps qui sera choisi pour représenter le peuple, qui auront chacun leurs assemblées et leurs délibérations à part, et des vues et des intérêts séparés. »

Bien qu'il énonce cette idée sous forme d'un précepte de portée générale, Montesquieu ne pense ici, en fait qu'au régime politique anglais, dont il s'efforce de saisir en quelque sorte les lois statiques, avant d'expliquer sa mécanique proprement dite et avant d'en envisager l'équilibre dynamique résultant de la nature de son « objet ». Quoi qu'il en soit, il est parfaitement clair que le schéma de la distinction fonctionnelle trialiste, appliqué au régime politique anglais, subit à présent sa toute première concrétisation sociologique intégrale, dans la mesure notamment où le pouvoir législatif n'est pas pris en considération en tant que « puissance » unitaire homogène, mais en tant que volonté syn-

thétique découlant des positions antagonistes de
deux facteurs historiquement déterminés : le
« peuple » et l'aristocratie héréditaire. Si cette
dernière ne constitue pas un « pouvoir intermédiaire », au sens que nous avons précisé précédemment, cela ne signifie pas qu'elle a perdu son
caractère de classe particulière, conformément
à des critères d'ordre social, économique et juridique; cela signifie seulement que son rôle constitutionnel n'est plus le même que sous les monarchies du continent, du fait, plus spécialement,
qu'elle a cessé d'être le support exclusif du troisième « pouvoir », c'est-à-dire de la puissance
judiciaire. Par contre, fait constater Montesquieu, sous le régime constitutionnel britannique, la noblesse participe à la formation de
la « volonté générale de l'Etat », c'est-à-dire de
la législation.

Cette participation n'est pas, certes, tout à
fait égale à celle du peuple. L'auteur de l'*Esprit
des Lois* s'empresse de bien le préciser, en
démontrant par là qu'il n'a qu'un but : expliquer
pour comprendre ce qui est réellement. Il sait,
en effet, que la collaboration entre la Chambre
basse et la Chambre haute s'effectue encore en
Angleterre sur un pied d'égalité seulement pour
ce qui est des projets ou propositions de lois
ordinaires, tandis qu'en matière fiscale cette
égalité est plus ou moins écartée. Dans ce dernier
domaine, fait-il remarquer, la Chambre des
Lords ne possède qu'un veto négatif ou une
« faculté d'empêcher »; celle-ci est « le droit de
rendre nulle une résolution prise par quelque
autre » (13). Certes, la « faculté d'empêcher »
comprend également le « droit d'approuver »,
mais « cette approbation n'est autre chose qu'une
déclaration que (la Chambre haute) ne fait point

usage de sa faculté d'empêcher, et dérive de cette faculté » (14). Cette compétence est donc le contraire de la « faculté de statuer » ou « droit d'ordonner par soi-même, ou de corriger ce qui a été ordonné par un autre » (15). Montesquieu fait sur ce point un rapprochement avec l'institution des Tribuns, à Rome, pour observer cependant, un peu plus loin, que ceux-ci possédaient également la faculté d'arrêter l'exécution, « ce qui causait de grands maux » (16).

Comme l'a très bien montré J.-J. Chevallier (17), lorsqu'il énonce la distinction entre la « faculté de statuer » et la « faculté d'empêcher », l'auteur de l'*Esprit des Lois* a bien sous les yeux l'Angleterre de son temps, où la Chambre haute a déjà perdu pratiquement à cette époque le droit d'initiative en matière fiscale — dans la mesure notamment où elle n'exerce plus ce droit que tout à fait rarement. L'on peut constater, toutefois, que Montesquieu s'intéresse vraiment ici au fonctionnement effectif et non pas aux principes théoriques abstraits du régime politique anglais. A cet égard du moins, la réserve formulée à la fin du chapitre VI au sujet de la non-correspondance éventuelle de la mécanique de ce régime aux pratiques constitutionnelles courantes pourrait être de pur style.

Notons, cependant, avant de terminer ce bref commentaire au sujet des conclusions tirées par Montesquieu de l'idée représentative, que la formation de la « volonté générale de l'Etat » par le truchement de la législation ne s'achève pas par la discrimination des rôles respectifs des privilégiés et du « peuple » : à la confection des lois participe, en effet, un troisième facteur, le roi. Mais, avant de voir de plus près de quelle manière précise la couronne britannique vient s'insérer dans le processus de production de la loi, il est utile de nous arrêter brièvement à la structure et au rôle de la « puissance exécutrice », qui est assumée en exclusivité par le roi anglais et par ses ministres.

La formation de l'exécutif en général obéit, dans l'esprit de Montesquieu, à un principe très simple : du fait que l'exécution exige surtout l'action rapide et efficace (18), il en résulte que le pouvoir exécutif doit être confié — en particulier dans un régime comme celui de l'Angleterre où le peuple prend part à la législation —, à une seule personne, le monarque : « la puissance exécutrice doit être entre les mains d'un monarque, parce que cette partie du gouvernement, qui a presque toujours besoin d'une action momentanée, est mieux administrée par un que par plusieurs; au lieu que ce qui dépend de la puissance législative est souvent mieux ordonné par plusieurs que par un seul ». Si, au contraire, dans un régime représentatif comme le précédent, il n'y avait pas de monarque, et si la puissance exécutrice « était confiée à un certain nombre de personnes tirées du corps législatif, il n'y aurait plus de liberté, parce que les deux puissances — exécutrice et législatrice — serait unies; les mêmes personnes ayant quelquefois, et pouvant toujours avoir part à l'une et à l'autre » (19).

Il serait utile de reprendre ici une précision que nous avons donnée précédemment. Montesquieu ne prétend pas que la liberté politique est conditionnée partout et toujours par la séparation des pouvoirs législatif et exécutif. La réunion de ces deux pouvoirs est même possible entre les mains d'un seul, le monarque, sans qu'il en résulte une perte de liberté, mais à condition que, dans ce cas particulier, il y ait une constitution fondamentale réservant la totalité du troisième pouvoir, de la justice, à une classe constituée en « pouvoir intermédiaire », notamment à la noblesse héréditaire. Or, la monarchie anglaise ne ressemble ni aux monarchies européennes — où se trouve réalisée cette réunion entre le législatif et l'exécutif —, ni aux royautés des temps héroïques — où le roi était dépouillé de la législation, quoiqu'il y assumât, en plus de l'exécution, le pouvoir judiciaire. Fondée sur des données sociologiques et historiques particulières, la monarchie anglaise comporte, au contraire, un corps représentatif complexe sur lequel repose fondamentalement le premier pouvoir, la législation. Dans un tel régime, fait remarquer Montesquieu, il serait contradictoire à la logique qui le préside — à partir de l'idée de liberté comme « objet » essentiel de l'ensemble des processus constitutionnels — de confier l' « exécution » au corps représentatif lui-même. Evoquant peut-être le souvenir du *Long Parliament*, qui avait abouti, on le sait, à la dictature du « Protecteur » (20), l'auteur de l'*Esprit des Lois* répudie en quelque sorte par avance le développement des institutions politiques britanniques en direction du « gouvernement d'assemblée ». Quoi qu'il en soit, sur le plan des principes, c'est-à-dire de la mécanique des lois constitutionnelles, on assiste à présent à une séparation organique affectant spécialement l' « exécution ». Mais il serait prématuré d'en tirer la conclusion hâtive que cette séparation organique est destinée à barrer la route à toute évolution future en direction du régime parlementaire (21).

Nous verrons, au chapitre suivant, que dans l'analyse du système constitutionnel anglais, intervient également, à l'instar des autres régimes politiques étudiés, un troisième facteur, la justice. Cependant, dans le cadre de cette systématisation plus large, fondamentalement trialiste, se développe, aux yeux de Montesquieu, un mécanisme politique spécifiquement britannique. Ce mécanisme, que le philosophe résume sous les termes de « constitution fondamentale du gouvernement », concerne essentiellement les rapports de collaboration et d'équilibre des deux premiers pouvoirs, du législatif et de l'exécutif. En réalité, cette collaboration et cet équilibre mettent en jeu deux fonctions et trois « forces » ou « puissances » réelles — le terme « puissance » désignant le détenteur d'une fonction ou d'un fragment de celle-ci. Lisons plutôt ces mots : « Voici donc la constitution fondamentale du gouvernement dont nous parlons. Le corps législatif étant composé de deux parties, l'une enchaînera l'autre par sa faculté mutuelle d'empêcher. Toutes les deux seront liées par la puissance exécutrice, qui le sera elle-même par la législative. Ces trois puissances devraient former un repos ou une inaction. Mais comme, par le mouvement nécessaire des choses, elles sont contraintes d'aller, elles seront forcées d'aller de concert » (22).

Certains auteurs, partant de l'idée qu'il s'agirait ici d'un équilibre purement fonctionnel, ont supposé que Montesquieu sous-entend dans ce passage l'existence d'un mécanisme quelconque de contrainte inexplicable. En fait, la nécessité d'une collaboration concertée et harmonieuse des détenteurs du pouvoir est conforme au postulat d'unité fondamentale de l'Etat, que nous avons expliquée au commencement de cette étude, et elle est le résultat de tout un ensemble des facteurs convergents, d'ordre sociologique et historique. Nous aurons l'occasion de voir de plus près comment Montesquieu envisage une telle unité à propos, spécialement, de l'Angleterre. Limitons-nous de constater à cette place que l'équilibre envisagé au niveau de la « constitution fondamentale du gouvernement » anglais n'est pas obtenu par une adaptation forcenée des institutions politiques suivant le schéma strict de la distinction fonctionnelle trialiste, mais par une évaluation raisonnée des facteurs — sociologiquement et historiquement déterminés — du régime : royauté, noblesse, peuple (ce dernier sous la conduite de la bourgeoisie), et par une combinaison savamment calculée de ces facteurs dans le cadre des trois fonctions mentionnées (23). Il ne s'agit donc pas, comme il a été soutenu parfois (24), d'une nouvelle distinction, sociologique ou politique, indépendante de la distinction fonctionnelle, mais d'une nouvelle application souple — comme toutes les applications précédentes — du principe de « distribution des pouvoirs » (des fonctions) dans le cadre des réalités sous-jacentes du système politique anglais. Ici comme ailleurs, Montesquieu s'efforce de mesurer le degré de liberté possible « d'après la constitution » à travers les équilibres politiques réels dont cette constitution est capable, afin d'atteindre, dans un stade ultérieur, la liberté par excellence, celle du « citoyen ».

Si en approfondissant les mécanismes du régime politique anglais, le philosophe n'avait en vue que d'en extraire le principe d'une séparation purement logique ou strictement mécanique des fonctions étatiques essentielles, il eût sans doute été amené à limiter au strict minimum les interférences de chaque catégorie d'organes de l'Etat dans la vie et l'action de tous les autres (25). En vérité, ces interférences sont infiniment plus nombreuses et plus complexes que ne le laisse apparaître le passage précédemment reproduit de l'*Esprit des Lois,* où Montesquieu résume, en forme simplifiée, la mécanique particulière du gouvernement britannique au niveau des rapports entre le législatif et l'exécutif. Dans le système décrit et analysé au chapitre VI du livre XI sont compris, en effet, en tant qu'éléments essentiels dudit système, en plus de la participation de la Couronne à la législation, dont nous parlerons bientôt, le renouvellement périodique du corps législatif et la réglementation de sa durée (26). Cette façon d'intervenir dans la vie et le fonctionnement de la Chambre est destinée à servir, aux dires de Montesquieu lui-même, à l'idée d'équilibre réel entre les deux premiers « pouvoirs », le législatif et l'exécutif : « Si la puissance exécutrice n'a pas le droit d'arrêter les entreprises du corps législatif, celui-ci sera despotique; car, comme il pourra se donner tout le pouvoir qu'il peut imaginer, il anéantira toutes les autres puissances » (27). Dans un sens opposé, et afin d'éviter que l'équilibre, sociologique aussi bien que politique, soit rompu par la confusion dans la même personne du pouvoir législatif et du pouvoir exécutif, l'auteur s'emploie à délimiter strictement les attributions législatives du roi. Recourant à nouveau à la distinction, précédemment évoquée, entre la « faculté de statuer » et la « faculté d'empêcher » (28), il reconnaît en faveur du monarque constitutionnel seulement cette dernière faculté, en lui refusant toute participation

à l'initiative ou à l'élaboration des lois. Montesquieu souligne, en particulier, la nécessité de
limiter la compétence du roi, en matière d'impo-
sition, à un veto purement négatif, car autrement, dit-il, l'exécutif serait devenu le maître
sur le point le plus capital de la législation (29).

Il serait naturel de nous demander : n'est-il
pas logique que le pouvoir législatif possède lui
aussi la faculter d'empêcher les tentatives du
pouvoir exécutif ? L'idée d'un équilibre abstrait
l'eût sans doute exigé; cependant, Montesquieu
se refuse à souscrire à cette conclusion, de façon
qui démontre, une fois de plus, qu'il ne se fait
en aucun moment une idée mécaniste ou purement logique des équilibres envisagés à partir
du principe de distinction fonctionnelle des compétences. S'il affirme qu' « il ne faut pas que la
puissance législative ait réciproquement la faculté d'arrêter la puissance exécutrice », il
justifie cette pensée par l'idée que l'exécution
« ayant ses limites par sa nature, il est inutile de
la borner » (30). Le pouvoir exécutif a pour
tâche, en effet, d'exécuter les lois; s'il ne les
exécute pas correctement, cela devra sans doute
entraîner des sanctions; il n'appartient pas, toutefois, au législateur d'intervenir, en cette matière, à titre préventif. Ce qui est possible et ce
qui est utile, c'est que le pouvoir législatif contrôle *a posteriori* la façon dont les lois qu'il a
votées ont été exécutées (31). Cela n'implique
pas, certes, que le corps législatif puisse s'appro-
prier le droit de contrôler le comportement et
les actions du chef de l'Etat, qui est aussi le
chef de l'exécutif et dont la personne est sacrée
et inviolable (32). Cependant, ses conseillers et
ses ministres demeurent responsables devant le
parlement (33).

En parlant de responsabilité des ministres, Montesquieu songe sans doute, en tout premier lieu, à leur responsabilité pénale (34); il n'envisage d'ailleurs, ainsi qu'il vient d'être noté, le déclenchement des procédures appropriées à cet effet que devant le parlement lui-même (35). Nous restons donc, encore ici, strictement dans le giron du mécanisme politique plus étroit que nous avons distingué précédemment à l'intérieur du cadre conceptuel plus large décrit par la distinction fonctionnelle trialiste, mécanisme qui met pratiquement aux prises, au niveau des rapports entre la législation et l'exécution, les facteurs socio-politiques essentiels du régime : bourgeoisie, noblesse, royauté. Toujours est-il que Montesquieu a mille raisons de penser que l'exécutif lui-même, en tant que « puissance » investie d'une fonction déterminée, ne doit pas subir dans sa structure et dans ses actions une entrave ou une altération quelconque, susceptible de briser son unité ou de diminuer son efficience. Ce pouvoir, écrit-il, en soulignant ce qui avait été dit auparavant sur le même sujet, s'exerce sur des choses momentanées qui exigent des interventions immédiates; il serait par conséquent impossible, voire il serait dangereux, d'essayer de le limiter (36). L'argument est, certes, assez discutable, quand on pense surtout à la structure de l'exécutif anglais de l'époque. Disons plutôt que l'Etat-puissance se dresse ici à nouveau derrière un système bâti fondamentalement avec le concours de l'idée d'Etat de droit et des principes qui en découlent. N'oublions pas, à cet effet, qu'avant d'être une « réunion de volontés », l'Etat de Montesquieu est aussi une « réunion de forces », et que cet aspect est particulièrement visible en ce qui concerne les relations internationales (37). N'allons pas conclure, cependant, que l'exécutif s'érige ainsi finalement, dans son esprit, en un Etat dans l'Etat. Pour nous faire une idée plus précise à ce sujet, il faudra que nous passions de la mécanique constitutionnelle à la « dynamique » des institutions et aux idées psychologiques qui en assurent le fonctionnement. Nous aborderons spécialement cet aspect des institutions anglaises au chapitre V. Auparavant, nous devons compléter l'étude de la mécanique constitutionnelle britannique en y insérant un nouvel et important ressort : la justice.

NOTES DU CHAPITRE III

(1) Cf. *ci-dessus,* p. 75.

(2) Liv. XI, chap. 5. L'énumération d'autres cas, dans ce même chapitre, n'est pas exempte de contradiction. Montesquieu passe, en effet, sans discontinuer, de l' « objet » d'un Etat particulier à celui d'une catégorie entière de régimes politiques. Il écrit ainsi que la gloire est l' « objet » des monarchies (légitimes), que les délices du prince sont l' « objet » du gouvernement despotique. Il serait malaisé, dans ces derniers cas, de distinguer l' « objet » du gouvernement de son « principe ». Cf. *ci-dessus,* p. 67 et suiv.

(3) Liv. II, chap. 4.

(4) Voyez Ch. Seignobos, « La séparation des pouvoirs », dans *Etudes de politique et d'histoire,* 1934, p. 185. Voyez également, directement influencé par Charles Seignobos, B. Mirkine-Guétzevitch, « De l'*Esprit des Lois* à la démocratie moderne », dans *Montesquieu, sa pensée politique,* etc., p. 14 : « Qu'y avait-il de commun entre l'Angleterre de Montesquieu et l'Angleterre réelle du XVIIIe siècle ? Rien ou presque. D'après l'exemple de tant d'autres écrivains du XVIIIe siècle, Montesquieu voyage dans un pays imaginaire ; l'Angleterre de Montesquieu c'est l'utopie, c'est un pays de rêve. » Cf., de façon analogue, Henri See, *op. cit.,* p. 74, note 35. Georg Jellinek,

op. cit., p. 603, note 1, écrivait de son côté que Montesquieu n'avait pas l'intention de décrire l'Angleterre réelle, mais seulement « une Angleterre construite d'après certaines données... » Les auteurs qui invoquent l' « imagination » de l'auteur de l'*Esprit des Lois* vantent curieusement, en même temps, sa « méthode empirique » ! Ils arrivent rarement à s'apercevoir que derrière l'expérience brute se dessine dans cet ouvrage une vraie théorie de la politique tendant à se substituer à la métaphysique et à l'esprit utopique.

(5) Voyez *ci-dessus*, Avant-Propos. Partant de l'idée que la séparation des pouvoirs n'a jamais été pratiquée en Angleterre, plusieurs de ses commentateurs accusent Montesquieu d'avoir déformé systématiquement la constitution anglaise. Voyez à ce sujet Eugène d'EICHTAL, *Souveraineté du peuple et du gouvernement*, 1895 (la séparation des pouvoirs, p. 85-154, surtout la page 128). En fait, Montesquieu n'a jamais prétendu que les pouvoirs étaient séparés en Angleterre suivant le schéma de la distinction trialiste des fonctions étatiques. Il s'est servi seulement de cette distinction pour essayer de comprendre comment les facteurs réels et dynamiques du régime anglais parvenaient à établir entre eux un mode de collaboration complexe — en se servant aussi bien du critère de séparation que de celui de « dédoublement fonctionnel » — dans le cadre d'un patriotisme national servant de base à un gouvernement fondamentalement unitaire, nonobstant cette complexité organisationnelle. Vue sous cet angle, l'analyse de la constitution anglaise faite par Montesquieu, dans différentes parties de son livre et non pas seulement au chapitre 6 du livre XI, correspond généralement aux données historiques réelles du gouvernement d'Angleterre. Pour une étude plus circonstanciée du sujet, voyez l'étude d'E. KLIMOWSKY, *Die englische Gewaltenteilungslehre bis zu Montesquieu*, 1927. Il est à rappeler, en outre, que jusqu'à la publication de l'*Esprit des Lois*, il n'y avait aucun ouvrage de droit constitutionnel anglais accessible aux étrangers. En Angleterre même, les *Commentaires* de BLACKSTONE, parus en 1765, ont pris pour base dans l'explication du régime britannique la présentation de ce régime telle qu'elle figure dans l'ouvrage de Montesquieu. On peut ainsi affirmer que l'*Esprit des Lois* a aidé grandement les Anglais eux-mêmes à mieux comprendre les mécanismes de leur propre constitution.

(6) Voyez *ci-dessus*, Avant-Propos.

(7) Liv. XI, chap. 6.

(8) Voyez notamment John Locke, *Two treatises of civil Government*, II, chap. VII, § 87 et suiv. (trad. franç. par J.-L. Fyot, « Bibl. de Sc. politique », Paris, 1953, p. 117 et suiv.).

(9) Liv. XI, chap. 6.

(10) *Ibid.* Sur les origines idéologiques et philoso-phiques de cette idée, voyez Léon Duguit, *Traité de droit constitutionnel*, 2ᵉ éd., 1923, II, p. 480.

(11) Liv. II, chap. 2. Cf. cependant la critique de Duguit, *ibid.*, p. 479 et suiv. Montesquieu préconise par la suite le sectionnement géographique de l'électorat ; il reconnaît, en outre, que tous les citoyens doivent jouir de l'électorat actif, à l'exception de ceux qui sont totalement dépourvus d'une volonté indépendante (liv. XI, chap. 6). Enfin, le philosophe combat en termes vifs l'institution du mandat impératif *(ibid.).* L'on est loin, dans tout cela, de l'idée d' « Etat féodal » ! Pour son époque et pour son milieu immédiat, Montesquieu est bien dans le sillage de l'Etat représentatif moderne, quelles que soient ses réserves relatives au sujet du suffrage égal. Cf. la note suivante, ainsi que le chapitre V.

(12) Liv. XI, chap. 6. Ce passage, justifiant le vote plural, est évidemment en contradiction avec l'univer-salité du suffrage soutenue dans le même ouvrage. Il ne fait cependant qu'expliquer une donnée réelle de la démocratie anglaise, qui n'a évolué, on le sait, que fort lentement vers le suffrage universel.

(13) Liv. XI, chap. 6.

(14) *Ibid.* Cf. M. Troper, *op cit.*, p. 24 et suiv.

(15) *Ibid.*

(16) *Ibid.*

(17) « De la distinction établie par Montesquieu, etc. », *loc. cit.*, p. 137 et suiv., 140. Cf. Lindsay Keir, *The consti-tutional history of modern Britain*, 1948, p. 411 et suiv.

(18) *Ibid.*

(19) *Ibid.*

(20) Le souvenir des événements du xviiᵉ siècle est encore vif, en Angleterre, au moment où Montesquieu

visite ce pays et médite sur sa constitution. Cf. notre ouvrage : *Essai sur la politique de Hume,* p. 183 et suiv.

(21) Voyez *ci-dessous,* chap. V.

(22) Liv. XI, chap. 6.

(23) Ce point de vue est adopté par J.-J. Chevallier, « De la distinction établie par Montesquieu, etc. », *loc. cit.,* p. 140 et par Charles Eisenmann, *loc. cit.,* p. 178, 189. Cf. la note suivante.

(24) W. Herbert, *op. cit.,* p. 36 et suiv. Cet auteur considère que la « distribution des pouvoirs » selon des critères sociologiques est une nouvelle répartition des compétences, différente de celle qui avait été faite par Montesquieu à partir de la distinction fonctionnelle tripartite. Pourtant, l'auteur de l'*Esprit des Lois* n'a jamais séparé ces deux critères, mais il les a, au contraire, toujours rapprochés étroitement, selon une méthode plus ou moins adaptée à l'idée de diversification nécessaire des institutions.

(25) Dans ses études citées (voir en particulier « L'Esprit des Lois et la séparation des pouvoirs », *loc. cit.*), Charles Eisenmann a attiré l'attention sur cet argument. L'éminent juriste résume de la façon suivante les arguments qui militent contre l'opinion attribuant à Montesquieu un séparatisme d'essence dogmatique : Premièrement, le fait que le pouvoir législatif est exercé conjointement par le parlement et le pouvoir exécutif ; deuxièmement, la faculté accordée au parlement de contrôler l'exécution des lois ; troisièmement, l'attribution au parlement de certaines affaires relevant de la justice ; quatrièmement, la faculté reconnue au gouvernement de régler la vie du parlement, lequel se réserve inversement le droit de contrôler et de juger les ministres ; enfin, le fait que Montesquieu parle implicitement de « liaison », de « concert », etc. des pouvoirs (liv. XI, chap. 6, 7). De l'avis de M. Eisenmann, la doctrine exposée au liv. XI, chap. 6, a le sens du non-cumul des trois fonctions entre les mains du même organe (*ibid.,* p. 178) et du croisement et de la collaboration à base interfonctionnelle (*ibid.,* p. 182 et suiv.). L'auteur reprend cette interprétation de la pensée de Montesquieu dans son étude plus récente (« La pensée constitutionnelle de Montesquieu, *loc. cit.*, p. 133 et suiv.), où il distingue entre l' « interprétation politique du XIXᵉ siècle, qui aurait reproduit fidèlement le vrai contenu de la pensée du philosophe, et la « théorie juridique du XXᵉ siècle » — à laquelle appartient L. Duguit, et qui a déformé la pensée de Montesquieu, en lui attribuant des

idées séparatistes. En fait, ainsi que nous l'avons noté plus haut (Avant-Propos, note 2), l'interprétation séparatiste remonte beaucoup plus en arrière et atteint le XVIIIᵉ siècle. Cf. notre *Essai sur la politique de Hume,* p. 207, où le texte d'une lettre adressée à ce sujet à Montesquieu par le philosophe anglais.

(26) L'intervention de l'exécutif dans la détermination de la durée du parlement est tout à fait dans la ligne du système de croisements et d'interférences réciproques imaginés par Montesquieu. Il est à rappeler, d'autre part, qu'en admettant le principe du vote annuel du budget des dépenses et de la loi autorisant le recrutement de l'armée, Montesquieu conclut nécessairement à l'idée de convocation annuelle du parlement.

(27) Liv. X, chap. 6. A rapprocher ce que l'auteur de *l'Esprit des Lois* avait dit précédemment au sujet des royautés grecques des temps héroïques. *Ci-dessus,* p. 72.

(28) Cf. *ci-dessus,* p. 106. D'après J.-J. CHEVALLIER, « De la distinction établie par Montesquieu, etc. », *loc. cit.,* p. 145, la compétence du roi d'Angleterre au XVIIIᵉ siècle n'est pas limitée exclusivement à la seule faculté de refuser (veto) ; le roi est co-législateur, il possède le droit de « sanction », au sens qui est attribué à ce terme en régime de monarchie constitutionnelle. Cependant, l'institution de la « sanction » avait cessé pratiquement de fonctionner depuis le règne de la reine Anne. Voyez WADE and PHILLIPS, *op. cit.,* p. 95. La « faculté d'empêcher » est identifiée par Charles EISENMANN, *loc. cit.,* p. 166, note 2, à la « sanction » — au sens de la participation à la législation, toutes les fois que cette faculté est absolue et ne comporte pas un simple ajournement de l'adoption définitive de la loi. CARRÉ DE MALBERG, *op. cit.,* II, p. 18, lui refuse au contraire ce caractère. L'opinion d'Eisenmann est plus correcte et correspond avec plus d'exactitude au genre d'équilibre politique qui caractérise le régime de monarchie constitutionnelle. Elle ne possède cependant qu'une portée limitée en ce qui concerne la constitution anglaise du milieu du XVIIIᵉ siècle, au sein de laquelle, comme nous venons de le noter, la « sanction » avait pratiquement cessé de fonctionner : la souveraineté se penchait déjà du côté du parlement, et Montesquieu, en établissant la distinction entre la « faculté de statuer » et la « faculté d'empêcher », avait sans doute sous les yeux ce glissement du régime vers la primauté parlementaire.

(29) Liv. XI, chap. 6.

(30) *Ibid.*

(31) « Mais si, dans un Etat libre, la puissance législative ne doit pas avoir le droit d'arrêter la puissance exécutrice, elle a le droit et doit avoir la faculté d'examiner de quelle manière les lois qu'elle a faites ont été exécutées ; et c'est l'avantage qu'à ce gouvernement sur celui de Crète et de Lacédémone, où les Cosmes et les Ephores ne rendaient point compte de leur administration ». *Ibid.*

(32) D'après le principe : *The King can do no Wrong.*

(33) Liv. XI, chap. 6. Montesquieu entend ici la mise en œuvre de la procédure d'*impeachment,* procédure qui n'a été formée définitivement, en Angleterre, qu'à la fin du XVIIIe siècle et sous l'influence de Montesquieu. Voyez J. HATSCHEK, *op. cit.,* p. 402. Cf. *ci-dessous,* chapitre V et note 8 du même chapitre.

(34) Voyez la note précédente.

(35) Liv. XI, chap. 6 : mise en accusation par la Chambre basse et jugement par la Chambre des Lords.

(36) C'est la raison pour laquelle l'institution des Tribuns était nuisible à Rome *(ibid.).*

(37) De l'avis de Montesquieu, la faculté d'agir librement est indispensable au pouvoir exécutif, du fait, principalement, qu'il appartient en exclusivité à ce dernier de gérer les affaires extérieures (liv. Ier, chap. 3 ; liv. XI, chap. 6). A noter que Montesquieu considère les affaires extérieures comme une activité conceptuellement intégrée dans l'exécutif, et non pas comme une fonction indépendante, comme le « pouvoir fédératif » de LOCKE, *Two Treatises,* II, chap. XII, § 145 et suiv.). L'auteur français définit cumulativement le pouvoir exécutif comme « la puissance exécutrice des choses qui dépendent du droit des gens, et la puissance exécutrice de celles qui dépendent du droit civil » (liv. XI, chap. 6) ; il précise que ce pouvoir « fait la paix ou la guerre, envoie ou reçoit des ambassades, établit la sûreté, prévient les invasions » *(ibid.*; cf. liv. XI, chap. 17, où sont exposées les attributions du Sénat romain). La reconnaissance des attributions précédentes du pouvoir exécutif souligne son caractère comme « pouvoir » effectif, au point de vue politique large, mais laisse théoriquement intact le schéma de la distinction : législation-exécution. Montesquieu part, en effet, de l'idée que le Droit des gens (cf. *ci-dessus,* chap. Ier) diffère fondamentalement du droit interne (« droit politique », « droit civil » ; cf. liv. Ier, chap. 3, où sous la dénomination « droit civil » est compris également le droit pénal) ; il considère notamment que l'objet

du premier est la paix et la défense, qui ne dépendent pas de l'observation de règles juridiques posées par la législation de chaque pays. De ce fait, l'attribution au chef du pouvoir exécutif de la compétence internationale n'infirme en aucune façon la distinction, du point de vue du droit interne, entre la législation et l'exécution, ni le principe de la primauté de la première sur la seconde. Cette primauté n'est pas infirmée non plus, aux dires de Montesquieu (liv. XXVI, chap. 24), par l'édiction de règlements de police de la part du pouvoir exécutif, à condition que ces règlements soient pris dans le cadre de la loi.

———

CHAPITRE IV

La généralité de la loi
et le pouvoir judiciaire

———

Les commentateurs de l'*Esprit des Lois* ont prétendu quelquefois que dans la pensée juridique et constitutionnelle que renferme cet ouvrage, il n'existe, en fait, de place que pour deux fonctions ou pouvoirs spécialisés, la législation et l'exécution. Cette interprétation, dont les origines remontent à d'Alembert (1), a été défendue notamment par Léon Duguit (2), quoique ce dernier ait nuancé ultérieurement sa pensée sur ce point (3). Encore récemment, un jeune mais vigoureux juriste, Michel Troper, a pu écrire que « chez Montesquieu, la puissance judiciaire est, en réalité, puissance exécutrice de la loi qui a statué sur les choses qui dépendent du droit civil » (4). Cette identification serait la conséquence naturelle du fait que le philosophe, s'écartant de la théorie du Droit naturel, qui distinguait les fonctions de l'Etat d'après l'objet de chaque branche d'activités, procède désormais à un classement faisant abstraction du contenu et du but

Les notes sont insérées à la fin du chapitre.

de l'activité étatique et tenant compte uniquement des « formes dans lesquelles cette activité est accomplie » et de la source dont elle émane. Si l'activité étatique exprime la volonté du corps social, nous sommes en présence de la législation; tout ce qui se rapporte à l'accomplissement de cette volonté constitue, au contraire, un acte d'exécution. Sous cet angle, toute distinction fonctionnelle trialiste serait proprement inconcevable, l'acte juridictionnel étant lui-même un acte d' « exécution » de la loi, tout comme l'acte gouvernemental ou administratif. Certes, ajoute cet auteur, Montesquieu semble à première vue adhérer à un classement trialiste, dans la mesure où il met en avant un « pouvoir » judiciaire distinct du « pouvoir » exécutif. Mais, en fait, cette distinction se comprend dans le cadre exclusif de la distinction précédente entre la loi et l'exécution; elle est une distinction subordonnée et dont le caractère hybride saute aux yeux : contrairement à la distinction fonctionnelle proprement dite, qui demeure bipartite, le dédoublement du pouvoir exécutif est accompli, chez l'auteur de l'*Esprit des Lois,* en tenant compte, non pas de la distinction des fonctions, mais uniquement de la diversité des objets, la compétence juridictionnelle étant rattachée, au sein de la fonction exécutive, à la « solution des litiges ». Le rapport des deux fonctions « exécutives » vis-à-vis de la fonction législative serait cependant le même, et il serait dominé par la distinction fondamentale entre la volonté incarnée par la loi et l'exécution de cette loi à tous les niveaux.

Le raisonnement précédent ne fait que reprendre et développer l'idée qui avait été exposée auparavant par le professeur Charles Eisenmann (5), aux yeux duquel l'important, pour

Montesquieu, est la définition des rapports entre
le gouvernement et le parlement, le rôle du pouvoir judiciaire étant, constitutionnellement et
politiquement, subordonné, voire « invisible »
ou « nul » — selon les propres termes de Montesquieu et ce, pour la raison que le juge se doit
toujours d'appliquer strictement la loi.

Il ne laisse aucun doute que l'objectif le plus
immédiat de Montesquieu, quand celui-ci faisait
coucher sur le papier les formules célèbres du
livre XI, chapitre VI, était, comme le dit très
bien Charles Eisenmann, de définir un mode
d'équilibre entre le gouvernement et le parlement, selon l'idée générale de régime politique
modéré que nous avons déjà exposée auparavant (6), mais réadaptée à présent selon les conditions spécifiques de l'Angleterre du XVIII⁰ siècle,
telles qu'elles ont été définies dans les trois
« chapitres anglais » de l'*Esprit des Lois* (liv. XI,
chap. VI, liv. XII, chap. II, liv. XVI, chap. XIII,
auxquels il faudrait encore ajouter le liv. XIX,
chap. XXVII) (7). Cependant, il nous paraîtrait
surprenant que le président du parlement de
Bordeaux ait pu faire si peu de cas du rôle constitutionnel du pouvoir judiciaire à propos, justement, d'un pays comme l'Angleterre, où a vu le
jour, on le sait, pour la première fois au cours
des temps modernes, l'idée d'Etat de droit !

Avant d'aborder l'étude de ce problème dans
le cadre des réalités constitutionnelles britanniques, telles qu'elles sont décrites au livre XI,
chapitre VI de l'ouvrage, il convient de nous
rappeler que dans l'ensemble, Montesquieu,
quand il étudie les différents régimes politiques
connus historiquement, non seulement ne néglige
pas le rôle de la justice, mais il en fait, au contraire, un élément primordial du gouvernement

légitime en général. Il envisage, à cet effet, le
« pouvoir judiciaire » non pas comme une branche de l' « exécution », mais comme une fonction
bien distincte de l'Etat, dont l'attribution doit
être faite à des personnes et à des corps sociologiquement et juridiquement indépendants à
l'égard des détenteurs du pouvoir législatif et du
pouvoir exécutif. Il le confirme lui-même à propos de la royauté grecque des temps héroïques
(8), de la république solonienne (9), de la république romaine (10). Il trouve une confirmation
encore plus éclatante de sa pensée dans l'analyse
des structures de la monarchie européenne moderne, où « le gouvernement est modéré, parce
que le prince, qui a les deux premiers pouvoirs,
laisse à ses sujets l'exercice du troisième » (11).
C'est une large constatation sur laquelle nous
nous sommes suffisamment étendus précédemment pour n'avoir plus à y revenir. Il n'en
demeure pas moins que cette constatation possède une portée en quelque sorte préjudicielle,
quand on veut comprendre la solution que Montesquieu a réservée à ce problème à propos de
l'Angleterre.

On relève, à cet effet, au chapitre VI du livre XI
de l'*Esprit des Lois,* deux passages, qui paraissent à première vue absolument contradictoires,
et qui ont alimenté depuis deux siècles des interprétations opposées au sujet du caractère « dualiste » ou « trialiste » de la doctrine du philosophe.

On y lit, en premier lieu : « Il n'y a point
encore de liberté si la puissance de juger n'est
pas séparée de la puissance législative et de l'exécutrice. Si elle était jointe à la puissance législative, le pouvoir sur la vie et la liberté des
citoyens serait arbitraire : car le juge serait légis-

lateur. Si elle était jointe à la puissance exécutrice, le juge pourrait avoir la force d'un oppresseur. » Et Montesquieu d'y ajouter encore :

« Tout serait perdu si le même homme, ou le
même corps des principaux, ou des nobles, ou du
peuple, exerçaient ces trois pouvoirs : celui de
faire des lois, celui d'exécuter les résolutions
publiques et celui de juger les crimes ou les différends des particuliers » (12).

Cependant, un peu plus loin, dans ce même
chapitre, on lit encore ces mots :

« La puissance de juger ne doit pas être
donnée à un sénat permanent, mais exercée par
des personnes tirées du corps du peuple dans
certains temps de l'année de la matière prescrite
par la loi, pour former un tribunal qui ne dure
qu'autant que la nécessité le requiert.

De cette façon, la puissance de juger, si terrible parmi les hommes, n'étant attachée ni à un
certain état, ni à une certaine profession, devient,
pour ainsi dire, invisible et nulle. On n'a point
continuellement des juges devant les yeux; et
l'on craint la magistrature, et non pas les magistrats ».

« Invisible » et « nulle » par sa composition
et son recrutement, la justice le devient aussi par
le contenu même de l'œuvre qu'elle est appelée
à accomplir :

« Mais si les tribunaux ne doivent pas être
fixes, les jugements doivent l'être à un tel point,
qu'ils ne soient jamais qu'un texte précis de la
loi. S'ils étaient une opinion particulière du juge,
on vivrait dans la société, sans savoir précisément les engagements que l'on y contracte » (13).

C'est ce dernier passage qui a fortifié l'idée,
chez les partisans de la conception dualiste, que
l'auteur de l'*Esprit des Lois* n'envisage la justice

que comme une branche de l'exécution, définie d'après son objet particulier et non pas comme une fonction située au même niveau que les deux autres fonctions étatiques.

Le problème est difficile mais non impossible à résoudre. Quand on a sous les yeux l'ensemble de l'œuvre de Montesquieu, et en particulier ce qui a déjà été dit au sujet des déterminismes sociologiques et historiques du gouvernement et du parlement anglais, on est autorisé de penser que le philosophe n'a pas dû abandonner sa méthode empiriste pour postuler à présent, à propos de la justice, soit une conception trialiste dogmatique, soit une théorie dualiste aussi abstraite que la précédente. S'il y a un changement par rapport aux formules concernant la place de la justice dans les autres régimes politiques et, en particulier, au sein des monarchies européennes modernes, cela ne peut résulter logiquement qu'à la suite d'appréciations différentes quant aux structures même du régime anglais, considéré sous le triple point de vue de sa « nature », de son « principe » et de son « objet ». En fait, l'analyse du régime politique britannique est effectuée, dans l'esprit de Montesquieu, au cours d'un rapprochement et d'une comparaison constants entre le type de régime politique continental désigné du nom de « monarchie » et celui des îles britanniques.

La différenciation entre les deux types mentionnés de régimes politiques se cristallise, en définitive, en une conception divergente, ici et là, en ce qui concerne la nature même et le caractère de la loi ; et c'est à partir de cette conception divergente, mais liée toujours, à ne pas douter, à des considérations d'ordre sociologique, que l'édifice entier de la constitution anglaise s'illumine et se laisse définitivement comprendre et analyser.

Ainsi que nous l'avons noté précédemment, selon Montesquieu, les règles juridiques ne possèdent pas nécessairement un caractère de généralité abstraite. Ce caractère ne se retrouve de façon inconditionnelle qu'au niveau des lois naturelles générales, dont la mise en œuvre est sujette, cependant, à des processus de différenciations ultérieures (14). Dans la mesure notamment où, conformément au contenu variable des régimes politiques, l'égalité cède la place à des différences et à des distinctions de classe — comme c'est le cas le plus fréquent dans l'histoire mondiale —, la loi cesse nécessairement d'être un principe général et impersonnel (15). Alors, le juge peut, voire il se doit, ainsi qu'il a été dit plus haut, de faire œuvre de législateur subordonné ou complémentaire. Les monarchies sont caractérisées, plus spécialement, par ce type de rapport entre la loi et la justice. Les « pouvoirs intermédiaires, subordonnés et dépendants » y apparaissent finalement comme les seuls garants objectifs de cette justice inégalitaire et complexe.

Cette image de la justice change, toutefois, du tout au tout, quand nous passons à des régimes formellement moins inégalitaires, comme ceux d'Athènes ou de Rome (16). Le changement devient encore plus radical lorsque nous abordons cette forme particulière de régime politique que nous pourrions qualifier de démocratique, au sens moderne du terme. Dans un tel régime, la généralité abstraite de la loi apparaît comme le complément nécessaire de l'égalité formelle de tous les citoyens. Et cette constatation implique une conséquence double. Premièrement, la fonc-

tion législative se place désormais d'elle-même
bien au-dessus des deux autres fonctions de
l'Etat. Sous cet angle précis de l'analyse constitutionnelle, l'exécution aussi bien que la justice
apparaissent idéalement comme la concrétisation
des règles déjà posées dans la loi. La justice, plus
particulièrement, n'est à proprement parler
qu'exécution pure et simple de la législation.
C'est ce qui rend compréhensible la formule précédemment citée : « ...si les tribunaux ne doivent
pas être fixes, les jugements doivent l'être à un
tel point, qu'ils ne soient jamais qu'un texte précis de la loi ». Cette formule n'est applicable,
pourtant, intégralement, que dans un état de
droit de type démocratique, au sens sus-indiqué.
De là résulte, naturellement, aussi une deuxième
conséquence logique : la composition et le recrutement social de l'organe qui sera appelé à rendre
la justice doivent être tels qu'ils puissent garan-
tir au maximum la suprématie de la loi propre à
l'Etat démocratique. Le recrutement social plus
large des juges athéniens offrait déjà, dans une
certaine mesure, une telle garantie sous le régime
solonien. L'expérience anglaise plus récente apparaît toutefois, aux yeux de Montesquieu, de
beaucoup supérieure, dans la mesure notamment
où le juge populaire, appelé à se prononcer à titre
occasionnel, au sein d'un jury anonyme, est, par
définition, exempt de tout préjugé d'état ou de
profession, du moins quand il s'agit d'appliquer
les lois égales aux gens de même condition juridique que lui. Il est naturel, dès lors, pour que
l'égalité ne soit pas rompue, que la règle déposée
dans la loi soit toujours strictement appliquée.
Une loi qui vise uniformément toutes les situations égales sans exception n'a pas, en effet,
besoin de se différencier systématiquement au

cours de son application à chaque cas concret.
Sous cet angle, le jugement, rendu par un juge
anonyme — et non par un « pouvoir intermédiaire », comme dans les monarchies aristocratiques du continent —, appliquant également la
loi, n'est en fait qu'exécution pure et simple de
la règle légale et, plus spécialement, de la règle
législative. Cela ne veut pas dire, pour autant,
que la justice cesse d'être une vraie fonction,
tant au point de vue de la logique juridique que
sous l'angle des mécanismes constitutionnels
analysés au chapitre VI du livre XI, à propos,
justement, de la constitution anglaise.

Il reste sans doute à éclairer, avant de nous
avancer plus loin sur cette voie, tout un ensemble
d'expressions par lesquelles est souligné, par
Montesquieu lui-même, le caractère « nul » de
la puissance judiciaire. En fait, le mot « nul »,
que le philosophe emploie spécialement et exclusivement dans le cadre de son analyse du modèle
britannique, ne possède pas une valeur en soi; la
justice est « nulle » seulement par rapport à
quelque chose. Elle est « nulle », en premier
lieu, par rapport à la loi, dont elle ne peut, en
principe, modifier le contenu pour l'adapter iné-
galement à des situations inégales, comme cela
arrive dans le cadre des monarchies aristocratiques. Elle est « nulle » aussi, et pour le même
motif, car elle ne se constitue pas en « corps
politique » ou en « pouvoir intermédiaire » en
vue d'assurer un équilibre rendu précaire du fait
de la concentration, dans lesdites monarchies, de
la totalité du pouvoir législatif et du pouvoir exécutif aux mains du monarque. C'est donc, en
somme, dans la mesure où la justice anglaise, à
la suite d'une évolution économique, sociale et
politique évidente s'est déjà émancipée des jus-

tices féodales et que la noblesse britannique a cessé, en sens inverse, de détenir le monopole de la justice et de faire figure ainsi de « pouvoir intermédiaire, subordonné et dépendant », que cette justice est devenue « nulle ». Cependant, pour être « nulle » par rapport à la loi, elle n'est pas devenue inexistante, juridiquement et politiquement, à l'égard du pouvoir législatif, dont elle demeure distincte et séparée, du point de vue fonctionnel aussi bien que du point de vue organique. Elle n'est pas devenue « nulle » ou « inexistante », non plus, par rapport au pouvoir exécutif, étant donné qu'elle ne fait pas partie d'une hiérarchie exécutive quelconque aboutissant au chef du pouvoir exécutif en tant que tel ; pour la raison, également, qu'ayant à appliquer strictement la loi-émanation de la « volonté générale de l'Etat » incarnée par le parlement, elle n'a pas à recevoir des ordres ou des instructions de la part du pouvoir exécutif quant à l'exécution de cette volonté dans les cas relevant de sa compétence. En vérité, et nonobstant les positions doctrinales éventuellement divergentes sur ce point (17), Montesquieu est à même de constater que la justice anglaise, tout en s'écartant sur des aspects essentiels de la justice et du droit du continent, n'en a pas moins maintenu son indépendance et son autonomie, à la fois comme fonction juridique distincte de l'Etat et comme facteur réel de l'équilibre constitutionnel. Il ne faudrait pas oublier, par ailleurs, qu'en s'efforçant de préciser la place que la justice est appelée à occuper au sein de la constitution britannique, à la suite de l'orientation globale du régime juridique et politique anglais vers l'égalitarisme et le libéralisme, Montesquieu ne manque pas de s'apercevoir que cette évolution ne conduit pas nécessairement et inexorablement au nivellement total des situations et des états. Par la force des choses, les mécanismes précédemment évoqués de la justice populaire égalitaire répondent plutôt aux exigences d'une description plus ou moins linéaire, derrière laquelle émerge, dans toute sa complexité, la réalité sociologique de l'Angleterre, réalité à laquelle les schémas normatifs et institutionnels se doivent finalement de s'adapter, en conformité avec le postulat premier de l'empirisme. De fait, le problème de la justice ne se pose en aucun moment, dans l'esprit du philosophe, à propos de l'Angleterre, comme à propos de tout autre Etat, de façon indépendante ou fragmentaire; il fait partie, toujours, d'un mécanisme incluant, à l'intérieur du cadre conceptuel général de la « distribution des pouvoirs », l'ensemble des déterminismes sociologiques et historiques. C'est dans ce cadre précis qu'il trouve sa solution finale, en entraînant un certain nombre d'assouplissements, de croisements ou de déviations, dont nous pouvons mentionner, ici, les principaux.

En premier lieu, le recours à l'idée d'équité. En effet, Montesquieu est parfaitement conscient du fait que l'égalité formelle, dont la justice populaire est appelée à assurer le respect, se heurte, même en régime démocratique et libéral, selon ce qu'il vient d'être noté plus haut, à la singularité éventuelle des situations qu'elle est appelée à trancher. Il pense, dès lors, qu'il convient d'adopter quelques précautions utiles, afin d'éviter que l'application stricte de la loi ne devienne source d'injustices flagrantes. Il préconise, en conséquence, qu'il soit accordé aux justiciables la faculté d'attaquer en appel, devant la Chambre des Lords, constituée en tribunal, les arrêts

rendus en première instance par le juge populaire; à ce degré de juridiction, il admet que le
juge puisse interpréter la loi selon les principes
de l'équité. Voici la façon dont Montesquieu justifie sa pensée : « Il pourrait arriver que la loi,
qui est en même temps clairvoyante et aveugle,
serait, en certains cas, trop rigoureuse. Mais les
juges de la nation ne sont, comme nous avons
dit, que la bouche qui prononce les paroles de
la loi; des êtres inanimés qui n'en peuvent
modérer ni la force ni la rigueur. C'est donc la
partie du corps législatif, que nous venons de
dire être, dans une autre occasion, un tribunal
nécessaire, qui l'est encore dans celle-ci; c'est
à son autorité suprême à modérer la loi en faveur
de la loi même, en se prononçant moins rigoureusement qu'elle » (18). Sous cet angle particulier,
la Chambre haute, représentant de la noblesse,
s'introduit dans le système de la justice égalitaire comme un élément modérateur. Son rôle
demeure cependant, encore à ce stade, sensiblement différent de celui des « parlements » de
l'ancien régime français, qui étaient appelés,
dans le système décrit par Montesquieu, à agir
en tant que « corps politiques », pour équilibrer la
suprématie unilatérale du monarque. Le recours
à l'équité, loin d'impliquer l'immixtion du pouvoir judiciaire dans l'œuvre du législateur ou
de faire intervenir la législation dans l'œuvre
de la justice, ne vise qu'à préciser le sens d'une
application correcte de la règle juridique par les
tribunaux, en conformité avec l'idée de justice.
Son inspiration est plutôt aristotélicienne (19),
bien que l'intervention de la Chambre des Lords
dénote aussi le souci du philosophe de rester
aussi près que possible des traditions britanniques. Quoi qu'il en soit, sur le plan « orga-

nique », cette compétence juridictionnelle de la Chambre haute implique un incontestable « dédoublement fonctionnel » ou un « croisement », comme on disait autrefois (20).

Par un souci analogue d'équilibre juridique apparent, mais qui pourrait servir de paravent à la concrétisation des inégalités sociales les plus diverses, Montesquieu est porter à penser que les juges doivent être de la même condition que l'accusé — ses pairs, « pour qu'il ne puisse pas se mettre dans l'esprit qu'il soit tombé entre les mains de gens portés à lui faire violence » (21). Cette formule pourrait sans doute servir de tremplin pour justifier avant tout les privilèges de juridiction de la noblesse. Elle obéit effectivement à cette fin, de l'aveu même du philosophe (22).

Un troisième assouplissement, impliquant un nouveau « dédoublement fonctionnel », est celui des délits politiques, que l'auteur de l'*Esprit des Lois* résume sous le vocable de « violation des droits du peuple ». En cette matière, Montesquieu rejette tout à la fois la compétence des magistrats ordinaires et celle des tribunaux d'exception. Il préconise, en conséquence, « pour conserver la dignité du peuple et la sûreté du particulier », que ces délits soient portés, sur accusation de la « partie de la puissance législative qui représente le peuple », devant la « partie législative des nobles, laquelle n'a ni les mêmes intérêts qu'elle ni les mêmes passions » (23). Le rôle modérateur de la Chambre haute est ici particulièrement visible.

Il existe, enfin, un quatrième cas de déviation, celui des *bills of attainder,* mais il s'agit plutôt là d'un cas linéaire, qui n'affecte pas directement la logique du système (24).

Les développements qui précèdent nous permettent d'apprécier désormais globalement la place de la justice par rapport aux principes qui régissent dans l'ensemble le « modèle » britannique de « distribution des pouvoirs ».

Ainsi que nous l'avons montré plus haut, l'équilibre politique de base du régime anglais repose, dans l'esprit de Montesquieu, non pas sur une séparation ou opposition organique entre le législateur et l'exécutif, mais sur l'étroite collaboration, positive ou négative, au niveau de la législation et du gouvernement, de trois facteurs, historiquement donnés et déterminés : le roi, la noblesse et le peuple. Le principe de « distribution des pouvoirs » sert ici, comme partout ailleurs dans l'*Esprit des Lois,* pour définir une formule de gouvernement modéré, dont le soubassement psychologique est éclairé davantage dans les autres « chapitres anglais » (25). On constate, cependant, d'ores et déjà, en analysant le chapitre VI du livre XI, que si la triplicité des « puissances » sociales et politiques (roi, noblesse et peuple) n'y est pas encore éliminée sur le plan institutionnel, elle tend néanmoins à devenir fonction d'un égalitarisme et d'un libéralisme de base, dont les incidences, sur le plan de la justice, sont particulièrement sensibles. Certes, Montesquieu n'oublie pas son idée d'équilibre sociologique, historiquement déterminé, au sein même de la justice, quand il réserve notamment la compétence en appel à la Chambre des Lords (qui peut alors émettre des jugements « en équité »), ou quand il la fait intervenir à nouveau en matière de délits politiques ou dans les affaires visant les membres de la noblesse. Il est difficile, d'ailleurs, d'affirmer dans quelle mesure ces assouplissements ou ces déviations dénotent un simple souci de conformité aux pratiques et aux tendances du régime britannique de l'époque ou des préférences personnelles de l'auteur. Quoi qu'il en soit, et nonobstant ces déviations ou ces assouplissements, c'est bien la justice populaire, anonyme, impersonnelle qui entre désormais fondamentalement en jeu dans le schéma général de la « distribution des compétences » décrite et analysée par le philosophe. Par sa composition et son caractère, cette justice est d'ores et déjà largement dépersonnalisée : elle ne saurait plus être la justice étroite d'une classe ou d'une caste fermée; elle serait impuissante de se manifester et d'agir comme un « pouvoir intermédiaire, subordonné et dépendant » : c'est une justice vraiment nouvelle, aux perspectives incalculables pour l'évolution future des régimes politiques, qui fait désormais son entrée à l'avant-scène des expériences multiples dont l'*Esprit des Lois* recueille les fruits.

A partir de cette dernière observation, il devient possible de dégager plus aisément le mécanisme constitutionnel plus large, au sein duquel vient s'adapter le mécanisme politique plus étroit, dont les éléments de base ont été présentés et commentés au chapitre précédent do cette étude.

Montesquieu fait, pour la première fois, au chapitre VI du livre XI de l'*Esprit des Lois,* une place importante à la généralité de la loi. Il en déduit, en termes suffisamment explicites et clairs, la primauté des règles et prescriptions législatives; il ramène ainsi conséquemment la distinction fonctionnelle trialiste des compétences étatiques au principe de hiérarchie normative, encore trop confusément impliquée dans l'idée traditionnelle de l'Etat de droit (ou de la

Rule of Law). L'inflexion de sa pensée vers le libéralisme juridique n'implique pas, toutefois, qu'il est amené désormais à mettre sur le même pied la juridiction et l'exécution, le pouvoir exécutif et le pouvoir juridictionnel. Comme partout ailleurs dans son livre, le rôle qu'il réserve à la justice est bien distinct des tâches qui incombent au gouvernement et à l'administration. La mission éternelle de la justice est de sauvegarder la légalité. Dans un régime démocratique ou tendant de l'être — comme c'est le cas, à ses yeux, de l'Angleterre, où la loi devient, en principe, conformément à la « nature » et à l' « objet » du régime, règle générale et impersonnelle —, le rôle essentiel de la justice est de préserver cette légalité — tout en réservant, bien sûr, une certaine place à l'équité. D'où la nécessité, aussi évidente que dans tout autre régime, d'assurer l'indépendance de la justice à l'égard des détenteurs des deux autres pouvoirs. Or, en distinguant une catégorie particulière d'organes juridictionnels indépendants, Montesquieu détermine en même temps négativement les limites des deux autres « pouvoirs ». Mieux encore; l'équilibre imaginé au sommet, au niveau de la production et de l'exécution de la loi, devient proprement impensable s'il n'y a pas à la base ce garant imperturbable de la légalité qui est la justice « invisible ». Pour être à présent plus passif qu'actif, plus statique que dynamique, selon l'ordre naturel essentiel des sociétés dont le philosophe partage, plus ou moins, l'idée avec les penseurs de son siècle (26), le rôle de la justice n'en demeure pas moins positif et effectif. Tout compte fait, en se plaçant sous l'angle du régime britannique et, au-delà de ce régime, dans la perspective d'une société politique parfaite-

ment égalitaire, Montesquieu se montre fermement attaché à l'idée d'une justice fondamentalement distincte — matériellement et, dans une
large mesure aussi, organiquement — des autres
fonctions essentielles de l'Etat. La « nullité »
ou l' « inexistence » apparente de cette nouvelle
justice n'est que le signe de sa parfaite indépendance; elle souligne le rôle fondamentalement
nouveau que la justice est appelée à jouer dans
le cadre d'une société inspirée d'idées manifestement plus égalitaires et plus libérales que
celles des Etats du continent.

NOTES DU CHAPITRE IV

(1) Dans son *Analyse de l'Esprit des Lois* (éd. Billois,
Paris, An XIII de l'ouvrage de Montesquieu, t. Ier, livre IV).

(2) *La séparation des pouvoirs et l'Assemblée Nationale*,
de 1789, p. 10.

(3) Notamment dans la dernière édition du *Traité de
droit constitutionnel*, t. II, p. 519.

(4) *Op. cit.*, p. 117.

(5) Voyez *ci-dessus*, Avant-Propos, note 5. La thèse de
M. Eisenmann a été reprise, sans y apporter rien de
nouveau, par S. Goyard-Fabre, *op. cit.*, p. 322 et suiv.

(6) Voyez *ci-dessus*, chap. II.

(7) Cf. le chapitre suivant.

(8) Cf. *ci-dessus*, p. 72.

(9) *Ci-dessus*, p. 73.

(10) *Ci-dessus*, p. 74 et suiv.

(11) Liv. XI, chap. 6.

(12) *Ibid*. Cf. le passage cité *ci-dessus*, p. 101-102.

(13) *Ibid*.

(14) De telles différenciations deviennent perceptibles aussi bien au niveau de la typologie générale des régimes politiques (« nature » et « principe » de chaque forme d'Etat et de gouvernement) qu'à celui de l' « objet » particulier de chaque Etat concret. Cette concrétisation s'effectue, par ailleurs, grâce à l'intervention de lois naturelles plus ou moins générales (comme celle qui sépare les peuples du Nord de ceux du Midi : climat froid-climat chaud, tendance naturelle à la liberté-prédisposition à la servitude), rendues encore plus concrètes par l'intermédiaire de facteurs géographiques plus particuliers et de « causes morales » correspondantes (caractère insulaire et climat brumeux des îles britanniques — spleen, esprit inquiet et libéralisme des Anglais). Voyez ci-dessus, chap. V.

(15) Sous réserve, toutefois, de certaines lois touchant, de près ou de loin, à la « liberté du citoyen », qui revêtent, dans l'Esprit des Lois, la forme de prescriptions universelles, indépendantes de la division du peuple en classes ou états et liées uniquement à l'idée de personnalité et de liberté humaine fondamentale. Telles sont notamment les prescriptions énumérées au livre XII.

(16) La division du peuple en plusieurs classes, combinée avec la « distribution des pouvoirs » parmi les organes de l'Etat, eux-mêmes recrutés en tenant compte de la division mentionnée, a contribué, aux yeux de Montesquieu (liv. II, chap. 2), à assurer pendant longtemps dans ces Etats à la fois le non-cumul (aspect négatif de la « distribution ») et la collaboration harmonieuse et équilibrée desdits organes (aspect positif, favorable à l'union nécessaire des volontés dans l'Etat).

(17) Cf. ci-dessus, p. 123 et suiv.

(18) Liv. XI, chap. 6.

(19) Il convient de rappeler qu'Aristote, dont l'influence prépondérante sur Montesquieu n'est pas à démontrer, considère la législation comme une partie de la politique, qui est identifiée, dans l'Ethique à Nicomaque (I, 1), à l'art le plus élevé : l'Architectonique. Or, dans la mesure où, selon ce qui vient d'être dit, la politique est un art, c'est-à-dire recherche spirituelle tendant à la perfection pour l'individu et pour la société, la législation en tant que fonction (νομοθετική), tout en étant caractérisée fondamentalement par la généralité des règles qu'elle édicte (règles qui déclarent abstraitement « ce qu'il faut faire et ce dont on doit s'abstenir » (τι δεῖ πράττειν καὶ τίνων ἀπέχεσθαι), se présente néanmoins comme la synthèse pratique des déterminations de l'homme et de la société, et c'est par là qu'elle rejoint la politique et s'intègre dans

celle-ci. C'est donc la politique qui opère en fait cette synthèse, en cherchant à réaliser les fins de l'Etat, résumées, au sein de l'Etat démocratique, dans l'idée de liberté (cf. *ci-dessus,* chap. Ier, note 33). La réalisation de cette idée présuppose, cependant, l'égale soumission de tout individu et de toute puissance à la loi, c'est-à-dire à la raison (λόγος) ; et, dès lors, le terme de « loi » est réservé uniquement à cette catégorie de règles qui, émanant du pouvoir législatif, possèdent aussi le caractère de généralité, non pas abstraitement, mais en tenant compte de la liberté et de l'égalité (*Politique,* IV, 4, 1326 a, III, 11, 1282 b ; *Ethique de Nicomaque,* V, 3). Toutefois, du fait même que le caractère de généralité de la règle est situé, de la part d'Aristote, non pas dans la « nature », au sens de l'ontologie, mais dans la « raison » et dans la « prudence » (φρόνησις) de l'homme, dégagée de tout élément subjectif (*Ethique de Nicomaque,* X, 10 ; *Politique,* III, 16, 1287), la synthèse pratique opérée par la législation ne s'épuise pas par l'édiction de la loi comme règle générale, mais s'élargit nécessairement pour comprendre également l' « équité » (ἐπιείκεια), qui a comme mission de corriger les défauts qu'entraîne éventuellement le principe de la généralité de la règle. La synthèse qu'envisage Montesquieu, dans le cadre de la constitution anglaise, n'est pas différente de celle qu'avait effectuée Aristote raisonnant dans le cadre de la démocratie athénienne.

(20) L'expression « dédoublement fonctionnel », mise en valeur par Georges Scelle dans son *Précis du droit des gens,* est préférable quand on veut surtout expliquer, d'un point de vue juridique pur, le phénomène de l'exercice de plusieurs fonctions du même ordre ou de fonctions relevant d'ordres juridiques différents (droit interne-droit international). Cependant, un tel « dédoublement » peut être l'effet de croisements et collaborations de forces sociales ou politiques distinctes. Dans l'*Esprit des Lois,* il s'agit le plus souvent de « dédoublements » de cette nature, et c'est cela qui fait toute l'originalité de cette œuvre du point de vue de la science politique.

(21) Liv. XI, chap. 6.

(22) « Les grands sont toujours exposés à l'envie ; et s'ils étaient jugés par le peuple, ils pourraient être en danger, et ne jouiraient pas du privilège qu'a le moindre des citoyens, dans un Etat libre, d'être jugé par ses pairs. Il faut donc que les nobles soient appelés, non pas devant les tribunaux ordinaires de la nation, mais devant cette partie du corps législatif qui est composée de nobles. » *Ibid.*

(23) *Ibid.*

(24) Liv. XII, chap. 19. *Les bills of attainder* sont, aux yeux de Montesquieu, une manière de rendre la justice au moyen de lois individuelles comparables aux *privilegia* des Romains (CICERON, *de legibus,* liv. III) ou aux νόμοι ἐπ' ἀνδρί du droit athénien. Toutefois, fait remarquer Montesquieu, cette procédure revêt en Angleterre des formes qui en assurent, dans une certaine mesure, l'objectivité minimale que réclame la justice (caractère contradictoire de cette procédure). Un tel dédoublement fonctionnel demeure en tout cas anormal, car on assiste, ici, à un mélange dans la forme même des actes de l'Etat. Il ne saurait être justifié que par une sorte de droit de nécessité : « ... il y a des cas où il faut mettre, pour un moment, un voile sur la liberté, comme l'on cache les statues des dieux ». *Ibid.*

(25) Voyez *ci-dessous,* chap. V.

(26) Voyez à ce sujet les livres XX et suiv. de l'*Esprit des Lois*. Montesquieu est, fondamentalement, en faveur de la liberté du commerce, en particulier en ce qui concerne le commerce entre nations (« L'effet naturel du commerce est de porter à la paix »). Il est plus réservé en ce qui concerne la liberté économique sur le plan interne. A propos de l'Angleterre, il écrit, entre autres, au chapitre VII du livre XX : « D'autres nations ont fait céder des intérêts du commerce à des intérêts politiques : celle-ci a toujours fait céder ses intérêts politiques aux intérêts de son commerce. C'est le peuple du monde qui a le mieux su se prévaloir à la fois de ces trois grandes choses : la religion, le commerce et la liberté. »

CHAPITRE V

Equilibres politiques
et lois psychologiques
du pouvoir et de l'Etat.
L'Angleterre,
modèle d'Etat national

Justice indépendante, mais reposant sur une large synthèse, en quelque sorte organique, du peuple et de l'élément aristocratique, sous l'égide de la loi-expression de la « volonté générale de l'Etat »; production de cette loi par un rapprochement et une collaboration, aussi étroits que possible — avec prépondérance de la Chambre populaire —, entre le peuple, la royauté et l'aristocratie, tout cela suppose non pas une société politique artificielle, composée de trois entités distinctes (législative, exécutive, judiciaire), mais plusieurs éléments ou forces réels, sociologiquement et historiquement imbriqués au sein d'un tout unitaire — Etat ou Nation —, et réglant leurs intérêts, communs ou séparés, conformément au postulat du droit. Il n'y a donc aucune divergence, quant à l'essentiel, entre le livre Ier,

Les notes sont insérées à la fin du chapitre.

qui postulait simultanément l'égalité et l'inégalité, le conflit et la paix, la « réunion des forces »
et la « réunion des volontés » (1), et le livre XI
de l'*Esprit des Lois,* où le philosophe s'efforce de
situer ces antinomies dans le cadre de la société
et de la constitution britanniques. Ceux qui ont
cru, en lisant le chapitre VI du livre XI de cet
ouvrage, que Montesquieu avait eu l'intention,
en mettant en avant son idée de « distribution
des pouvoirs », de prôner la « dissolution » de
l'Etat unitaire et souverain, se sont trompés à
la fois sur ses conceptions concernant le problème de la souveraineté étatique et sur son
analyse concrète de la constitution anglaise (2).

Il reste la trop célèbre proposition : « il faut
que, par la disposition des choses, le pouvoir
arrête le pouvoir », que d'aucuns ont interprétée
comme impliquant un mécanisme constitutionnel rigide, élaboré avec le seul concours du principe de la distinction tripartite des fonctions et
des organes de l'Etat et aboutissant nécessairement à une sorte d'équilibre négatif et statique,
contradictoire au dynamisme nécessaire et quasi
inéluctable des régimes politiques.

Ce qui a été dit précédemment au sujet de
l'orientation empirique et sociologique de la
pensée de Montesquieu nous interdit, certes,
d'adopter un tel point de vue. S'il y a équilibre,
celui-ci repose très certainement sur des considérations de fond et englobe la totalité des forces
politiques et sociales réellement en jeu, dans le
cadre de l'Angleterre du milieu du XVIIIe siècle.
Le problème est donc de savoir si cette sorte
d'équilibre politique substantiel que l'on relève
concrètement au chapitre VI du livre XI est
vraiment négatif et statique, comme souvent on
a tendance de le penser.

L'idée d'équilibre et de « contre-poids » constitutionnels a une très longue histoire. On la discerne déjà en germe dans l'idée de nécessaire limitation et de réciprocité (ἐπαναϰρέμασϑαι), d'Aristote (3). Elle trouve sa première application globale dans Polybe, à propos de la république romaine (4). On la retrouve sporadiquement, au cours des temps modernes, dans les doctrines favorables à la royauté modérée (5). Sa formulation systématique date cependant de la première moitié du XVIII⁰ siècle, et elle est l'œuvre, principalement, de Bolingbroke (6). Elle a comme soubassement historique la crise intervenue, en Angleterre, à partir du milieu du siècle précédent, dans les rapports entre les « états » de l'ancien régime. A la suite de cette crise, consécutive à un élargissement et à des développements et restructurations multiples des intérêts de classe, entre la bourgeoisie et la noblesse, l'Angleterre commençait à être régie désormais par un système constitutionnel au sein duquel les partis politiques tendaient à se substituer aux formations traditionnelles de la société des « états ». Quoique représentant eux-mêmes des intérêts sociaux plus ou moins déterminés, les partis politiques anglais de cette période revendiquaient en fait la suprématie entière dans l'Etat, suprématie prévisible soit par le triomphe unilatéral de l'idéologie et des intérêts d'une bourgeoisie ascendante et particulièrement dynamique, soit pas la soumission ou l'abdication, totale ou partielle, de cette bourgeoisie en faveur des intérêts et de l'idéologie de l'aristocratie et de la Couronne. En aucun cas, l'idée d'équilibre et de « contre-poids » constitutionnels n'intervenait dans les luttes politiques anglaises comme un but final, et Bolingbroke, en insistant sur la nécessaire mise en équilibre des forces politiques, n'a point modifié, certes, les données fondamentales de ce problème. Sous le couvert de la terminologie alléchante d' « équilibre », de « freins », de « balance of power » ou d'autres termes analogues, se dessinait bien nettement, au second quart du XVIIIe siècle anglais, ce double objectif constant : pour le roi, un effort systématique d'altération des courants politiques formés au sein de la Chambre basse, altération connue sous le nom de « corruption » (7) ; pour la majorité parlementaire, conduite par Walpole, la volonté d'appliquer son propre programme législatif en faisant dépendre aussi étroitement que possible les ministres de la représentation populaire. Dans le premier cas, il était facile de discerner la survivance de très anciennes revendications ou pratiques de la monarchie ; dans le second, on pouvait déjà voir se dessiner en perspective les horizons prometteurs du gouvernement parlementaire (8). Dans les deux cas, il devenait impossible d'imaginer que le régime politique anglais eût pu fonctionner sur la base d'un équilibre négatif et purement statique. Cette vérité paraissait évidente aux yeux de tous les observateurs attentifs de la constitution anglaise (9), et Montesquieu serait le seul à s'être trompé sur cette question, s'il avait vraiment imaginé, à propos de cette constitution, un mécanisme rigide de « freins » et de « contre-poids » tendant à s'annuler mutuellement. Si l'on y fait bien attention, la formule : « il faut que le pouvoir arrête le pouvoir » ne vise, réellement, qu'à écarter les « abus » du pouvoir, suivant la vieille idée aristotélicienne, que nous avons rappelée plus haut (10). Montesquieu le dit lui-même dans la phrase qui précède immédiatement cette formule : « pour qu'on ne puisse abuser du pouvoir... ». D'un autre côté, quand il énonce ce principe, il est bien visible que le philosophe ne songe point au fonctionnement effectif du régime politique anglais, mais, uniquement, à ce stade préliminaire de la recherche, qui se rattache aux lois mécaniques de ce régime, suivant la « nature » du gouvernement. Lui-même le précise en disant qu'il faut que le pouvoir arrête le pouvoir « par la disposition des choses ». Mieux encore; le philosophe écrit bien, noir sur blanc, au premier chapitre du livre XI, qu'il se propose dans ce livre d'examiner les principes de la liberté politique « dans ses rapports avec la constitution », en se réservant d'étudier ces principes « par rapport au citoyen » au livre suivant (11). Enfin, nous savons que, pour connaître vraiment la manière d'être d'un régime politique donné, il ne suffit pas de déceler uniquement les lois de sa « nature » — en l'occurrence le mode concret de « distribution des pouvoirs » au sein de ce régime : il faut approfondir aussi son « principe » et son « objet ». Si Montesquieu, pour des raisons d'exposition méthodique, sépare ces différents aspects du problème constitutionnel, il n'oublie cependant en aucun moment que tous ces aspects relèvent d'une seule et même discipline intellectuelle et visent à éclairer un seul et même problème fondamental, celui de la constitution britannique considérée comme un tout cohérent et indivisible et incluant les facteurs physiques ou légaux aussi bien que les facteurs psychologiques, sociaux et historiques, qui ont contribué à façonner ainsi et pas autrement la physionomie politique particulière de l'Ile. Force est de penser, qu'en définitive, il serait vain d'essayer de comprendre les mécanismes décrits au chapitre VI du livre XI, si l'on n'a pas une vision plus globale de ce que l'auteur de l'*Esprit des Lois* pense et écrit au sujet de l'Angleterre de son temps dans les autres parties de son œuvre.

Vers la fin du chapitre VI, Montesquieu emploie le terme « corruption ». « Comme toutes les choses humaines, écrit-il, ont une fin, l'Etat dont nous parlons perdra sa liberté, il périra. Rome, Lacédémone et Carthage ont bien péri. Il périra lorsque la puissance législative sera plus corrompue que l'exécutrice. »

S'agirait-il, donc, de la « corruption » au sens que nous avons relaté plus haut, à propos des pratiques constitutionnelles anglaises ? Ce dernier passage du chapitre VI paraît, certes, en lui-même, particulièrement obscur. Il est plausible, néanmoins, de supposer que Montesquieu se réfère ici à une autre signification du mot « corruption », celle qu'il avait exposée au livre VIII, intitulé : « De la corruption des principes des trois gouvernements ».

Au premier chapitre de ce livre, le philosophe avait montré, plus particulièrement, que le « principe » du régime démocratique, c'est-à-dire la « vertu », se corrompt lorsque l'esprit d'égalité disparaît ou lorsqu'il est remplacé par celui d'égalité extrême : « chacun veut (y) être égal à ceux qu'il choisit pour lui commander ». Dans ce deuxième cas, « le peuple, ne pouvant souffrir le pouvoir même qu'il confie, veut tout faire par lui-même, délibérer pour le sénat, exécuter pour les magistrats, et dépouiller tous les juges ». Une telle passion en vue de la possession du pouvoir, fait remarquer Montesquieu, conduit au libertinage, mais au lieu du pouvoir, le peuple recueille d'abord la corruption, c'est-à-dire le rachat des consciences de la part de ceux à qui le peuple se confie. Avec le temps, la corruption augmente parmi les corrupteurs, et elle augmente aussi parmi ceux qui sont déjà corrompus. « Il se forme de petits tyrans qui ont tous les vices d'un seul. Bientôt ce qui reste de la liberté devient insupportable; un seul tyran s'élève; et le peuple perd tout, jusqu'aux avantages de sa corruption » (12).

Il semble bien que Montesquieu invoque cette même notion de « corruption » du régime politique à la fin du chapitre VI, dans le but de souligner le danger que le régime politique anglais aurait encouru, au cas où le gouvernement d'assemblée, assumé par la Chambre basse, se serait substitué à l'équilibre raisonné entre les différents facteurs de la constitution et en particulier entre la représentation populaire et la royauté, support essentiel de l'exécutif. Cette interprétation est puisée dans le fait que le passage du livre relatif à la « corruption » de la puissance législative succède immédiatement à la démonstration de l'idée que les forces armées ne doivent pas dépendre directement du corps législatif. Cette idée est liée à son tour à la conception précédemment exposée au même chapitre VI, selon laquelle le pouvoir exécutif doit être confié au roi et non pas à des ministres désignés par la Chambre. Il est probable, certes, comme l'écrit très bien J.-J. Chevallier (13), que Montesquieu n'a pas tout à fait le pressentiment des développements démocratiques ultérieurs, qui ont contribué à la formation définitive du régime parlementaire en Angleterre. Mais avec cela il n'est pas dit que le philosophe soit resté insensible aux problèmes politiques posés concrètement, dans ce pays, sous le gouvernement de Walpole et qu'il ait exclu par avance toute sorte de dépendance réciproque entre la représentation populaire, d'une part, et la royauté et ses ministres, de l'autre. En fait, Montesquieu n'ignore point l'autre signification de la « corruption », celle dont il est surtout question dans l'Angleterre du deuxième quart du siècle. Il semble bien, au contraire, que l'observation de ce phénomène le conduit à approfondir davantage le problème de la liberté — problème en quelque sorte permanent de sa pensée politique — et de donner en conséquence de nouveaux et importants éclaircissements sur l'essence de la constitution britannique.

Le livre XII de l'*Esprit des Lois* porte le titre : « Des lois qui forment la liberté politique dans son rapport avec le citoyen ». Nous avons expliqué précédemment (14) cette liberté pour ne pas être obligé d'en redéfinir ici la signification générale. Remarquons, toutefois, que Montesquieu, bien qu'il vise surtout, au chapitre VI du livre XI, à décrire et à analyser le régime politique britannique suivant la notion de liberté objective (« par rapport à la constitution »), il n'omet pas, néanmoins, de relier directement, à cette place et au sein même de ce régime, les deux libertés mentionnées; il écrit, aussitôt après avoir procédé à la distinction capitale que nous connaissons entre les trois fonctions fondamentales : « La liberté politique dans un citoyen est cette tranquillité d'esprit qui provient de l'opinion que chacun a de sa sûreté et pour qu'on ait cette liberté, il faut que le gouvernement soit tel, qu'un citoyen ne puisse pas craindre un autre citoyen. » Entre la liberté de l'homme et la forme d'Etat et de gouvernement, il y a, par conséquent, notamment sous l'angle de la constitution anglaise, une interdépendance des plus étroites; c'est un degré d'interdépendance de cette nature qui permettait précisément à l'auteur de l'*Esprit des Lois* d'affirmer préalablement : « il y a une nation dans le monde qui a pour objet direct de sa constitution la liberté politique » (15) ! Par liberté politique est entendue ici la liberté tout court, au sens objectif et subjectif, légal et psychologique. S'il y a « mécanisme » dans la pensée du philosophe, il devrait naturellement englober l'ensemble de ces libertés. Un tel mécanisme serait, dès lors, le contraire de ce que l'on a supposé généralement depuis toujours en s'attachant à une interprétation par trop juridique ou par trop politique du célèbre chapitre VI du livre XI.

Il eût été beaucoup trop long d'expliquer ici le détail des causes diverses auxquelles Montesquieu attribue l'inflexion particulière des institutions et des idées anglaises vers le libéralisme (16). Contentons-nous de rappeler seulement que la pensée de Montesquieu se développe, sur ce point, à partir d'une théorie générale au sujet de l'influence que les climats exercent sur l'organisme et sur le caractère des hommes, ainsi que sur les institutions juridiques, morales et politiques. Cette théorie comporte une première concrétisation historique sous la notion générale de « liberté germanique » (17). A cette notion générale de liberté politique est liée, comme un deuxième stade de concrétisation historique, l'idée de monarchie moderne, dont nous savons qu'elle appartient déjà, en principe, à la catégorie des Etats légitimes. Or, à l'intérieur de ce

deuxième cycle et à un stade de concrétisation
encore plus poussée, la liberté anglaise apparaît
à son tour comme l'effet d'un ensemble de déterminismes physiques ultérieurs, parmi lesquels le
climat conserve toujours la priorité. Dès lors,
pour saisir le sens de cette liberté et à travers
elle, et avec son concours, la signification profonde des institutions britanniques analysées par
le philosophe, il faudrait reprendre ici, aussi
brièvement que possible, l'itinéraire qui a conduit ce dernier de la contemplation des lointaines
forêts germaniques aux institutions et aux idées
actuelles des Anglais.

Comme il vient d'être noté, la théorie des
climats occupe une place prépondérante dans
l'explication des régimes politiques. Montesquieu
lui consacre quatre livres entiers de son ouvrage
(livres XIV-XVII). De cette célèbre théorie des
climats, il importe de retenir, ici, un seul mais
très important détail. Le climat froid, écrit-il,
favorise la liberté, dans la mesure où il contribue
à former des organismes robustes et braves; le
climat chaud, au contraire, incite à la noncha-
lance et à la paresse et favorise le despotisme et
la servitude (18). Une importance particulière
présente pour nous le livre XIII du livre XIV,
intitulé : « Effets qui résultent du climat d'Angleterre ». Dans ce chapitre, Montesquieu fait
remarquer que le climat humide et froid de l'île
est la cause du caractère mélancolique et impa-
tient de ses habitants, caractère qui les incite à
ne pas supporter pendant longtemps les mêmes
choses. Si nous ajoutons aux caractéristiques
précédentes le courage et l'opiniâtreté, conséquences, également, du climat, nous comprenons
bien, nous dit l'auteur de l'*Esprit des Lois,* que
ce peuple — le peuple anglais — ne pourrait pas

supporter pendant longtemps la tyrannie. Il s'en-
suit que le régime politique le mieux approprié
à l'Angleterre est celui qui a été décrit précédemment, notamment au chapitre VI du livre XI :
« Dans une nation à qui une maladie du climat
affecte tellement l'âme, qu'elle pourrait porter
le dégoût de toutes choses jusqu'à celui de la vie,
on voit bien que le gouvernement qui conviendrait le mieux à des gens à qui tout serait insupportable serait celui où ils ne pourraient pas se
prendre à un seul de ce qui causerait leurs cha-
grins; et où les lois gouvernant plutôt que les
hommes, il faudrait, pour changer l'Etat, les
renverser elles-mêmes » (19).

Montesquieu est donc à même de constater,
selon ce qui précède, que les lois, les coutumes
et les usages du peuple anglais, sont dus en
grande partie et en ce qu'ils contiennent de particulier et d'original, au climat des îles britanniques. Cependant, il atteste également que les
lois, les coutumes et les usages ainsi créés agissent généralement à leur tour, sous forme de
« causes morales », secondaires mais puissantes,
sur le caractère et le comportement des nations,
en particulier quand il s'agit d'un peuple que la
nature prédispose elle-même à jouir au plus haut
point de la liberté politique (20). Du même coup
il est affirmé que les déterminismes naturels
n'annulent pas la liberté de l'action. Ils décrivent,
néanmoins, avec le concours des causes morales
secondaires et dérivées, le cadre institutionnel
et idéologique au sein duquel cette liberté a les
plus grandes chances de se manifester (21). Ce
cadre, tel qu'il ressort finalement des analyses
du livre XI, chapitre VI de l'*Esprit des Lois,* est
le refus du pouvoir personnel et la soumission à
des lois juridiques générales et impersonnelles,

dont l'application juste et efficiente est garantie par la distribution et l'équilibre des pouvoirs. Cette distribution et cet équilibre apparaissent ainsi finalement comme faisant partie intégrante d'une ensemble d'idées et d'institutions collectives qui plongent leurs racines dans le caractère national particulier des Anglais et dans les données de l'histoire sociale et politique britannique, consécutives à ce caractère. C'est par la pensée de ce cadre idéologique et psychologique plus large que la liberté devient à présent *principium essendi* ou, dans le langage de Montesquieu, « objet direct » de la constitution anglaise. Si nous restons encore ici très près du naturalisme — en raison de la place prépondérante accordée aux climats —, nous n'en sommes pas moins situés aux antipodes à la fois des conceptions mécanistes courantes et des interprétations légalistes et positivistes que certains commentateurs ont attribuées à Montesquieu.

Pour compléter ce tableau authentique, il convient de nous reporter immédiatement au livre XIX, chapitre XXVII. Dans ce troisième « chapitre anglais », l'auteur de l'*Esprit des Lois* prend comme donnée certaine qu'il existe en Angleterre deux pouvoirs « visibles », le pouvoir législatif et le pouvoir exécutif, et que chaque citoyen y est libre objectivement, mais veut aussi mettre en valeur sa liberté. De tout cela résulte, aux dires de Montesquieu, que la majorité du peuple manifeste son choix et sa préférence en faveur de celui parmi lesdits pouvoirs qui, en distribuant les bénéfices et les dignités, suscite toujours l'espoir, sans provoquer la crainte. La « corruption », au sens spécifiquement anglais du terme, s'insère à présent ouvertement dans le fonctionnement normal des institutions publiques britanniques, et elle apparaît désormais comme un facteur contribuant puissamment à la différenciation et à l'équilibre des forces politiques. En effet, écrit-il (22), tous ceux qui ne reçoivent rien des mains du pouvoir qui dispose des dignités — du pouvoir exécutif — se tournent contre lui. La liberté suscite ainsi la jalousie et la jalousie qui naît entre les deux facteurs opposés dure éternellement, car aucun ne peut l'emporter sur l'autre. Si quelqu'un parvient à s'élever au-dessus de la moyenne, il est abaissé automatiquement, au nom de la liberté, et un autre s'élève aussitôt à sa place. Le caractère inquiet du citoyen anglais le conduit, d'ailleurs, fréquemment d'un parti politique à l'autre. D'où le « mouvement de la pendule », l'alternance des majorités, que Montesquieu ne nomme pas, mais la sous-entend clairement, tout en soulignant la dépendance réciproque des partis politiques et de l'institution royale. Tout comme le simple citoyen, fait-il remarquer, le monarque anglais se tourne tantôt vers l'un et tantôt vers l'autre des partis; il arrive même que le roi se voit « souvent obligé de donner sa confiance à ceux qui l'auraient le plus choqué, et de disgrâcier ceux qui l'auraient le mieux servi, faisant par nécessité ce que les autres princes font par choix » (23). En d'autres termes, nonobstant la réserve qu'il avait formulée auparavant, selon laquelle la liberté disparaîtrait si les ministres étaient désignés par le parlement (24), l'auteur de l'*Esprit des Lois* est à présent parfaitement conscient du fait que, même en régime de « distribution des pouvoirs » comme celui qui avait été décrit au chapitre VI du livre XI, le roi n'est pas réellement libre de choisir ses ministres, mais il doit se plier, par le simple fait de l'existence des partis politiques, à la volonté changeante de la majorité, en sacrifiant, au besoin, ainsi qu'il vient d'être dit, ses amis personnels. Cependant, dans la mesure où les principes de la constitution ne rendent pas obligatoire un tel choix, le régime politique ne devient pas tyrannique (25).

Ce qui est donc exclu par avance, c'est un parlementarisme institutionalisé, rendant la suprématie de la Chambre basse inflexible. Mais la porte conduisant à l'idée parlementaire reste entrouverte, sur une base toujours plus psychologique et politique qu'institutionnelle et légale. Ce faisant, Montesquieu n'a pas encore terminé son effort d'approfondissement de ce régime nouveau et largement prometteur. Pour enrichir encore et varier les couleurs de son tableau, il revient, dans ce même « chapitre anglais », au point de départ de sa réflexion : le climat de l'Ile et le caractère national particulier des Anglais qui en résulte. Le trait dominant de ce caractère, écrit-il, est l'inquiétude, c'est-à-dire la crainte qui étreint les âmes même pendant les moments les plus sûrs. L'inquiétude est ravivée constamment par ceux qui ont tout intérêt à s'opposer aux actions de la Couronne. Ce sentiment contribue pourtant à tenir le peuple en éveil et écarte les vrais périls qui pourraient le menacer. Pareil état de choses poursuit l'auteur de l'*Esprit des Lois,* serait, certes, un danger permanent pour la liberté, si le peuple avait « la puissance immédiate ». Mais étant donné qu'en Angleterre fonctionne le régime représentatif et non pas la démocratie directe, les représentants, mieux éclairés que le peuple, agissent toujours dans le sens de la modération et de l'apaisement, contrairement à ce qui arrivait aux démocraties populaires de l'antiquité où les démagogues pouvaient déclencher une agitation instantanée dans la masse du peuple (26).

Cette analyse, à la fois psychologique et politique, ne s'arrête pas là. En vérité, fait observer Montesquieu, bien loin d'affaiblir le patriotisme, le caractère inquiet des Anglais rend plus puissant encore le sentiment de solidarité nationale. En cas de danger national extérieur, l'union ne tarde pas à se faire spontanément autour du gouvernement; et cela contribue puissamment à préserver la pérennité des lois fondamentales du régime contre les interventions et les interférences venant du dehors. Les avantages de la constitution anglaise apparaissent donc considérables, également, sous l'angle des relations internationales.

Bien des pensées originales tendent à compléter par la suite, les développements consacrés à l'Angleterre au sein de cet admirable « chapitre anglais » du livre XIX. Nous ne pouvons en retenir, ici, que celles qui contribuent à éclairer directement le sujet de notre étude actuelle, à savoir la notion d'équilibre politique réel dans le cadre précis de la constitution britannique.

Le livre XI nous avait montré que la constitution anglaise a pour « objet direct » la liberté. Les développements qui ont suivi dans d'autres parties de l'*Esprit des Lois* nous ont apporté la preuve que les mécanismes constitutionnels analysés au chapitre VI de ce livre sont réels et non pas hypothétiques, dans la mesure précisément où ils se rapportent à cet « objet », considéré comme la synthèse d'un ensemble de facteurs géographiques, psychologiques, sociaux et politiques ayant contribué à façonner le caractère national des Anglais. Le chapitre XXVII du

livre XIX prolonge encore davantage l'étude de
cette liberté nationale originale, dont il s'efforce
d'expliquer les répercussions dans les domaines
les plus divers, en alliant étroitement l'analyse
empirique et la prospective. Il mériterait incontestablement de plus larges commentaires. Il
nous suffirait pourtant, pour notre propos actuel,
d'en extraire seulement les aspects qui éclairent
le mieux possible la façon dont Montesquieu
entend la liberté politique dans le cadre de la
constitution qu'il décrit si minutieusement dans
son ouvrage.

Comme nous le faisions remarquer plus haut,
l'un des traits principaux du caractère national
anglais est l'inquiétude ou la crainte. Il ne faudrait pas, certes, y voir la crainte de l'esclave ou
la terreur qu'inspirent les régimes policiers ou
despotiques à leurs citoyens. La crainte qu'on y
relève est tout le contraire de la servitude; elle
se confond pratiquement avec l'amour de la
liberté individuelle et politique; elle ne peut
subsister qu'aussi longtemps que cette liberté
subsiste et elle est respectée. Or, la liberté des
Anglais est, précisément, aux yeux de Montesquieu, aussi réelle qu'effective; et elle engendre,
ainsi que nous l'avons déjà noté, le patriotisme
et la solidarité nationale les plus purs : « Cette
nation aimerait prodigieusement sa liberté, parce
que cette liberté serait vraie; et il pourrait arriver que, pour la défendre, elle sacrifierait son
bien, son aisance, ses intérêts; qu'elle se charge-
rait des impôts les plus durs, et tels que le
prince le plus absolu n'oserait les faire supporter
à ses sujets » (27).

Cette liberté est donc globale, car elle est à la
fois celle de la constitution et celle du citoyen.
Et elle embrasse aussi bien les esprits que les

corps. Si ses racines plongent dans des réalités biologiques et psycho-sociales diverses, sa structure conceptuelle et logique se présente aussi ferme et aussi claire que les mécanismes organisationnels qui la sous-tendent. La liberté anglaise est d'abord et surtout liberté de l'esprit. Lisons, simplement, ces mots : « Comme, pour jouir de la liberté, il faut que chacun puisse dire ce qu'il pense; et que, pour la conserver, il faut encore que chacun puisse dire ce qu'il pense, un citoyen, dans cet Etat, dirait et écrirait tout ce que les lois ne lui ont pas défendu expressément de dire ou d'écrire » (28). Et cette pensée encore, qui rappelle si étrangement un aphorisme célèbre de Kant (29) : « Dans une nation libre, il est très souvent indifférent que les particuliers raisonnent bien ou mal; il suffit qu'ils raisonnent : de là sort la liberté qui garantit des effets de ces mêmes raisonnements » (30). Avec tout cela, on est bien loin des revendications et des prétentions idéologiques du parti et de l'Etat « féodaux » et l'on est en présence d'un esprit qui veut comprendre et expliquer les aspects institutionnels de la constitution britannique par une référence directe à son soubassement sociologique et aux présuppositions légales et psychologiques plus larges de son fonctionnement normal. Montesquieu n'ignore pas, certes, toute la lourde charge de contradictions évidentes qui pèsent encore sur le régime anglais. « Il pourrait être, écrit-il, que cette nation ayant été autrefois soumise à un pouvoir arbitraire, en aurait, en plusieurs occasions, conservé le style; de manière que, sur le fond d'un gouvernement libre, on verrait souvent la forme d'un gouvernement absolu » (31). Il ne doit pas ignorer, non plus, quand il parle du « peuple » et de ses représen-

tants, que ces termes perdent beaucoup de leur
valeur en raison du caractère restreint de l'électorat anglais de l'époque. Mais il laisse entendre,
par une tournure de style dont il est le maître
incomparable, que les termes politiques dont il
se sert possèdent une signification à la fois
actuelle et prospective. Il ne lui échappe pas que
l'égalitarisme juridique, dont il atteste l'évidente
portée constitutionnelle, possède déjà, en Angleterre, une certaine profondeur idéologique
et psychologique. Il jette encore sur le papier
ces pensées, qui ont servi probablement à
Tocqueville pour comparer l'ancien régime de la
France aux structures sociales réelles de l'Angleterre pré-révolutionnaire : « Les dignités faisant
partie de la constitution fondamentale seraient
plus fixes qu'ailleurs; mais, d'un autre côté, les
grands, dans ce pays de liberté, s'approcheraient
plus du peuple; les rangs seraient donc plus
séparés, et les personnes plus confondues » (32).

Ce dernier passage de l'*Esprit des Lois* donne
peut-être la mesure la plus exacte des contours
idéologiques de la pensée politique et sociale de
Montesquieu. Il montre avec une évidence parfaite que la « liberté anglaise », sur laquelle
celui-ci a médité tout le long de sa vie, ne s'épuise
pas par la simple affirmation du principe de
légalité ou de l'idée de distribution et d'équilibre
des pouvoirs. Ce que le philosophe recherche, ce
qu'il croit déjà discerner à travers les réalités
juridiques et politiques britanniques, c'est une
liberté plus réelle et plus profonde, une liberté à
l'échelle de l'homme et, pour cette raison, tout
à la fois individuelle et collective, morale ou
psychologique au même titre que juridique ou
légale. Par-delà le relativisme sociologique qu'il
professe sur le plan de la théorie, et peut-être

aussi avec le concours d'un tel relativisme, Montesquieu laisse apparaître clairement que son aspiration sentimentale et idéologique véritable est celle d'une communauté humaine fondée sur une solidarité sociale plus large, à base de liberté, de paix et de justice. La « liberté d'après la constitution », ainsi que celle du « citoyen », ne sont en fait que des moyens techniques pour y accéder. C'est en référence à un tel idéal, plutôt que sous un angle de technicité politique pure, que la constitution anglaise parvient finalement à s'ériger devant ses yeux en « modèle » politique authentique. Si, en effet, le philosophe combat avec autant d'acharnement les despotismes que l'on connaît, ce n'est pas pour substituer à ces régimes une société individualiste fondée sur des mécanismes juridiques et politiques aussi irréels — ou inhumains — que ceux qui avaient été imaginés par les partisans du rationalisme géométrique. Le despotisme représente, aux yeux de Montesquieu, « le mal politique absolu » (33), non pas seulement parce qu'il supprime la liberté politique, mais aussi et surtout parce qu'il enlève à la communauté humaine sa substance et son âme (34). Un « modèle » politique comme celui qui transparaît derrière les principes de la constitution anglaise se situe, au contraire, aux antipodes de cette position négative et profondément antisociale. En « confondant les personnes entre elles », par-delà les distinctions de rang, en les rapprochant aussi étroitement que possible au sein d'une communauté à la fois juridique et sentimentale, contestataire et pourtant disciplinée, la constitution britannique réalise en quelque sorte à sa façon l'idéal que seules les républiques de l'antiquité avaient réussi jusqu'ici à traduire dans les faits :

l' « amour de la patrie ». Souvenons-nous de
cette *Pensée :* « c'est l'amour de la patrie qui a
donné aux histoires grecques et romaines cette
noblesse que les nôtres n'ont pas » (35). Toutes
« les nôtres » ? Cependant, nous savons que les
Anglais sont eux-mêmes animés d'un tel amour
patriotique, étant prêts à se sacrifier à chaque
instant pour le bien commun. Et l'on pourrait
dire, en ce qui les concerne, qu'ils sont en train
de faire revivre — et de façon originale ! —
toute la vertu des anciennes républiques. Les
Anglais constituent, en effet, une vraie communauté nationale parce qu'ils sont libres, et ils
sont libres parce qu'ils sont confondus dans le
même sentiment de solidarité désintéressée et
pure que seule la vraie liberté est capable
d'engendrer.

Certes, nous ne sommes pas encore ici en
présence de l'idée révolutionnaire expansive de
la nation — le relativisme sociologique et historique s'y opposerait en tout cas. Mais l'idée
s'y trouve déjà partiellement impliquée par le
fait même que l'individu, doté de droits socialement garantis, demeure, dans le contexte décrit
par la constitution anglaise, comme l'élément
prépondérant sinon exclusif de l'ordre fondé sur
le double postulat de la « liberté d'après la constitution » et de la « liberté du citoyen ». En
quelque sorte — et pour reprendre les termes
employés par quelques constitutions libérales
post-révolutionnaires (36) —, le respect de la
constitution britannique est confiée, en dernier
ressort, par Montesquieu, « au patriotisme des
Anglais ». Comme celui-ci le dira dans ses *Notes
sur l'Angleterre* (37), « il faut donc qu'un bon
Anglais cherche à défendre la liberté également
contre les attentats de la Couronne et ceux de la

Chambre ». Cette pensée suit immédiatement celle où il est dit que « l'Angleterre est à présent le plus libre pays qui soit au monde » ! Elle est effectivement « le plus libre pays », dans la mesure précisément où l'on voit se réaliser en son sein un rapprochement réel entre l'idée d'autonomie et de liberté individuelle, d'une part, et les solidarités qu'engendre, dans un tel climat de liberté, l'attachement à une communauté de destin unique ayant comme contenu essentiel ou comme « objet » cette même liberté. Sous cet angle d'introspection majeur, les inégalités de rang ou de fortune, de même que les relativismes historiques, tout importants qu'ils soient, apparaissent malgré tout en définitive comme des éléments purement quantitatifs et leur réduction devient plutôt problème d'expérience et de calcul. L'élément qualitatif, celui qui domine et anime l'édifice entier à partir des analyses consacrées à la constitution anglaise, c'est le lien tout à fait nouveau et original qui unit l'homme individuel à la communauté dont il est membre indissociable et actif. L'idée de nation politique y est sans doute nettement impliquée.

Il conviendrait, toutefois, de faire remarquer encore ici que l'idée de nation n'intervient en aucune façon, dans la pensée de Montesquieu, pour ériger le nationalisme en critère d'une politique, intérieure ou extérieure, fondée unilatéralement sur une raison d'Etat inscrutable. Le patriotisme anglais est médité, au contraire, exclusivement dans le prolongement de l'idée d'homme et de liberté individuelle et collective. De même qu'il croit possible, voire historiquement vrai, notamment à travers l'expérience anglaise, de rapprocher l'ensemble des individus au sein d'une communauté nationale authentique,

nonobstant les différences de situation et de
rang social, Montesquieu est porté aussi à penser
que l'idéal d'humanité et de paix entre les
nations et les Etats demeure parfaitement valable,
quelles que soient les cloisons que l'histoire et
la nature ont pu dresser entre eux. La connaissance de l'orientation idéologique de Montesquieu aurait certainement beaucoup à gagner si
sa pensée internationale était étudiée plus amplement et mieux que cela n'ait été fait jusqu'à présent. A défaut de pouvoir nous étendre, ici, longuement sur cet aspect particulier de sa pensée
politique, contentons-nous de rappeler, en plus
de ce qui a déjà été dit plus haut à ce sujet (38),
que l'auteur de l'*Esprit des Lois* ne s'est jamais
départi de l'idéal pacifiste, cosmopolitique et
stoïque, qu'il avait adopté dès les premiers pas
de sa vie de penseur. Il pouvait ainsi pro-
clamer hautement, dans son *Traité général des
devoirs* : « l'homme, partout raisonnable, n'est
ni Romain ni barbare ». Les diatribes qu'il rédigeait quelques années plus tard contre le milita-
risme et contre la politique d'agrandissement
territorial, notamment dans ses *Réflexions sur
la monarchie universelle en Europe* (1734), con-
tribuaient à donner à cet idéal une forme bien
claire et bien concrète. « L'Europe », y écrivait-il,
entre autres, « n'est plus qu'une Nation, composée de plusieurs » (39).

Si l'on ne tient pas compte de ces différentes
pensées et de bien d'autres encore dont abondent
les œuvres et les notes du philosophe, on risque
naturellement de se faire une idée fausse à la
fois sur la portée des déterminismes idéologiques
de sa pensée et sur la signification méthodologique plus large de son relativisme sociologique.
Mais il faudra tenir compte, également, dans

l'estimation globale de cette œuvre, des positions que Montesquieu aura adoptées, lorsqu'il se penchera, notamment au livre XX, chapitre 23 de l'*Esprit des Lois,* sur le commerce international. Il n'hésitera pas alors de dénoncer les dangers qui résultent pour la liberté et la prospérité des peuples peu développés ou naturellement pauvres d'une expansion démesurée du commerce des pays mieux pourvus et forts. Sans le conduire, certes, à des vues isolationnistes rétrogrades et bien qu'il pensât au contraire que l'effet du commerce international est de conduire naturellement à la paix, cette critique non déguisée de l'impérialisme et du colonialisme dénote suffisamment que Montesquieu entend bien se prononcer sur les affaires du monde en citoyen du monde, comme il entend aussi observer les institutions et les courants d'idées qui traversent en ce moment le Continent en vrai européen. Bien avant Klopstock ou Herder, le baron de Montesquieu fait déjà partie de cette large et généreuse « République des Savants » à laquelle Diderot et les Encyclopédistes donneront encore de son vivant consistance et efficacité pratique. Quoi qu'il en soit, le cosmopolitisme moral conduit Montesquieu de bonne heure à rejeter fermement toute idée de raison d'Etat dans les affaires internationales, comme il l'avait déjà fait à propos des affaires internes en critiquant le despotisme. Il écrit dans l'une de ses *Pensées :* « Si je savais une chose utile à ma nation qui fût ruineuse à une autre, je ne la proposerais pas à mon prince, parce que je suis homme avant d'être Français (ou bien), parce que je suis nécessairement homme, et que je ne suis Français que par hasard » (40).

Un tel « hasard », comme bien d'autres de

même nature, pèseront, certes, dans l'expérience vraie dont le philosophe a voulu rendre compte dans ses livres et surtout dans l'*Esprit des Lois,* d'un poids bien plus lourd que l'on aurait été tenté de le penser en lisant ces mots. Toujours est-il que, pour rester fidèle à son intention politique profonde, on ne devrait jamais perdre de vue cette inflexion cosmopolitique et idéaliste de sa pensée. C'est à un niveau aussi élevé, plutôt qu'à celui des déterminismes idéologiques inévitables de son œuvre, que pourrait finalement se révéler également le sens véritable de son relativisme sociologique et historique.

Mais il est temps d'arrêter ici à présent notre analyse succincte de cette œuvre particulièrement complexe, pour procéder désormais, à la lumière de ce qui précède, à une appréciation globale de la contribution de Montesquieu aux progrès de la science politique.

NOTES DU CHAPITRE V

(1) Voyez *ci-dessus,* p. 23. La distinction entre la « réunion des forces » et la « réunion des volontés » s'éclaire admirablement quand on a sous les yeux l'analyse de la constitution anglaise, telle qu'elle apparaît dans les prolongements ultérieurs du livre XI, chap. VI, que nous présentons brièvement à présent. Par « réunion des volontés », Montesquieu entend visiblement non pas un contrat passé entre particuliers, à la manière du contrat social du rationalisme métaphysique, mais l'intégration dans l'Etat, sur la double base de la « liberté d'après la constitution » et de la « liberté du citoyen » des différents groupements sociaux, dont la réalité, en tant que « forces », est évidente dans tous les Etats, y compris les Etats despotiques, mais dont le rapprochement, à la fois volontaire et organique, ne peut être obtenu que dans les Etats libres. A rapprocher, à cet égard, ce passage des *Considérations* : « Mais, dans l'accord du despotisme asiatique, c'est-à-dire de tout gouvernement qui n'est pas modéré, il y a toujours une division réelle. Le

laboureur, l'homme de guerre, le négociant, le magistrat, le noble ne sont joints que parce que les uns oppriment les autres sans résistance; et, si l'on y voit de l'union, ce ne sont pas des citoyens qui sont unis, mais des corps morts ensevelis les uns auprès des autres. »

(2) Cf. *ci-dessus*, notamment p. 17, note 2.

(3) *Ci-dessus*, p. 57.

(4) Voyez à ce sujet W. HERBERT, *op. cit.*, p. 6.

(5) Notamment chez Althusius (voyez l'ouvrage bien connu d'Otto v. GIERKE, *Johannes Althusius*, etc., 3ᵉ éd., 1913). Cet auteur professe une conception pluraliste très marquée de la société et de l'Etat.

(6) « Remarks on history of England », *Works*, I, p. 338 : « In a constitution like ours, the safety of the whole depends on the balance of the parts, and the balance of the parts, on their mutual independency on each other ». Voyez le chapitre XIV (La « balance du pouvoir » et l'avenir de la constitution britannique), p. 198 et suiv., de notre *Essai sur la politique de Hume*. Dans son ouvrage cité sur *La séparation des pouvoirs*, p. 109 et suiv., Michel Troper apporte un substantiel complément d'information sur l'histoire de ces conceptions. Mais il distingue un peu trop strictement, en ce qui concerne Montesquieu en particulier, entre l'idée de non-cumul et celle de balance des pouvoirs. Le propre de la pensée constitutionnelle de Montesquieu n'est-ce pas plutôt de rapprocher, d'une certaine manière, ces deux aspects (constitutionnel et politique) ? Sur les rapports avec l'homme d'Etat anglais, voyez R. SHACKLETON, « Montesquieu, Bolingbroke and the separation of powers », *French Studies*, 1949.

(7 Voyez Georges VLACHOS, *ibid.*, p. 183 et suiv., 215 et suiv.

(8) Comme nous l'avons noté au chapitre précédent, Montesquieu ne mentionne formellement, au chapitre 6 du livre XI, que la procédure de l'*impeachement*. Cette référence ne signifie pas forcément que l'auteur de l'*Esprit des Lois* ignore le problème de la responsabilité politique des ministres. La question est, cependant, fortement controversée. D'après une opinion, « le gouvernement parlementaire n'avait pas été appliqué au moment où Montesquieu rédigeait son livre; par conséquent, celui-ci ne pouvait pas imaginer la responsabilité politique des ministres devant le corps législatif » (N. N. SARIPOLOS, *Système de droit constitutionnel*, I, p. 191, en grec). Cette

opinion est partagée par Charles EISENMANN, *loc. cit.*, p. 185, qui est porté à penser que les passages du livre XIX intéressant le sujet conduisent à l'idée de gouvernement de Cabinet plutôt qu'à celle de gouvernement parlementaire. Nous ne pensons pas que cette opinion corresponde très exactement à la réalité. S'il est vrai que le gouvernement de Walpole n'a pas été un gouvernement « parlementaire » au sens du terme formé ultérieurement (nous dirions aujourd'hui qu'il s'agissait plutôt d'un gouvernement « pseudo-parlementaire », cf. à ce sujet W. R. ANSON, *Loi et pratique constitutionnelles de l'Angleterre*, trad. franç., II, 1905, p. 152-153; Lindsay KEIR, *op. cit.*, p. 318 et suiv.), il n'en demeure pas moins que ce gouvernement a accompli les premiers pas vers le parlementarisme. La chute de Walpole a été, d'ailleurs, œuvre exclusive du parlement. Voyez A. TODD, *Le gouvernement parlementaire en Angleterre*, trad. franç., I, 1900, p. 416. Cf. E. KLIMOWSKY, *op. cit.*, où l'on trouve différentes opinions exprimées au sein du parlement — avant la publication de l'*Esprit des Lois* — au sujet de la responsabilité politique des ministres. Voyez également J. HATSCHEK, *op. cit.*, p. 458 et suiv.; J. LAFERRIÈRE, *Manuel de droit constitutionnel*, 1947, p. 20-21; G. VEDEL, *Droit constitutionnel*, 1949, p. 37. Nous aurons l'occasion de revenir sur ces problèmes dans notre texte. Nous pouvons, toutefois, noter dès à présent que dans le système exposé dans l'*Esprit des Lois*, l'ouverture vers le parlementarisme est déjà chose faite si l'on rapproche les développements du livre XIV, chap. 13 (cf. *ci-dessous*, chap. V) à ceux du livre XI, chap. 6, où il est dit que le parlement doit posséder le droit de contrôler la façon dont l'exécutif exécute les lois.

(9) Voyez notre *Essai sur la politique de Hume*, p. 206 et suiv.

(10) *Ci-dessus*, p. 57.

(11) Et en partie au livre XIII, en ce qui concerne les charges fiscales.

(12) Liv. VIII, chap. 1er. Il est à rappeler que Montesquieu avait déjà développé l'idée de « corruption », à propos de l'Etat romain, dans ses *Considérations* (chap. X : « de la corruption des Romains »). Il y avait expliqué ce phénomène en partie par l'importation de la philosophie épicurienne et le relâchement consécutif des lois austères de la religion romaine, et en partie par l'inégalité extrême des fortunes et la création d'un grand nombre de citoyens prolétaires. Cependant, au chapitre précédent, Montesquieu avait noté d'autres causes concomitantes de la perte de la république : extension des frontières

de l'empire, agrandissement de la ville, etc. Cette notion de « corruption », apparentée à l'idée d' « altération » ou de « déviation (παρέκβασις) d'Aristote (*Politique*, III, 9), présente néanmoins, ici, un caractère moins systématique que dans la pensée du Stagirite. Sans être totalement ignorée, la théorie des formes altérées ne possède, par ailleurs, qu'une portée assez limitée dans l'*Esprit des Lois,* du fait que la typologie politique de Montesquieu est tournée désormais vers des critères sociologiques et psychologiques plus complexes. Sur Aristote, cf. G. VLACHOS, *La pensée politique de Kant,* p. 431, où les remarques, également, de Puffendorf au sujet de la distinction entre « altération » et « forme mixte ».

(13) *Loc. cit.,* p. 142.

(14) *Ci-dessus,* p. 37.

(15) Liv. XI, chap. 5. Dans les *Considérations,* la liberté apparaît aussi en quelque sorte comme l' « objet » propre de la constitution des Romains : « ... cette ville dont le peuple n'avait eu qu'un même esprit, un même amour pour la liberté, une même haine pour la tyrannie » (chap. 9). Mais en fait, l'esprit de conquête et d'agrandissement perpétuel l'emporta définitivement et produisit sa perte. Cf. *ci-dessus,* note 12.

(16) Il faudrait rapprocher, à cet effet, les « causes » générales, comme la « liberté germanique », à des causes particulières, climatiques, géographiques (caractère insulaire), économiques (commerce extérieur), psychologiques et institutionnelles, selon le schéma précédemment décrit de la méthodologie de Montesquieu. Cf. liv. XXI et suiv. où l'on trouve d'abondantes observations sur l'économie, la population et la politique démographique, etc., en tant que facteurs particuliers dont on doit tenir compte dans l'étude des constitutions.

(17) Cf. cependant le livre XVIII, chap. 5-6, où le facteur « climat » est joint à d'autres considérations, d'ordre économique et politique. Cf. note précédente. Les pays nordiques auraient été favorisés, notamment grâce à l'infériorité de leur climat, qui a détourné d'eux les invasions incessantes dont ont souffert d'autres pays naturellement plus productifs. Ces considérations, s'ajoutant à bien d'autres encore, concernant les effets biologiques directs du climat sur l'organisme, ont conduit Montesquieu à élaborer sa propre théorie de la « liberté germanique » et, au sein et au-delà de celle-ci, sa conception de la « liberté anglaise ». Ce dernier aspect du problème a été étudié particulièrement par Joseph DEDIEU dans son livre : *Montesquieu et la tradition politique anglaise en France. Les sources anglaises de l'Esprit des*

Lois, 1909. Cf., du même auteur, *Montesquieu*, 1913. La
« liberté germanique » possède, toutefois, un champ
d'application beaucoup plus vaste et elle est liée, par
certains de ses côtés, à la « théorie germanique », largement répandue en France pendant la première moitié du
xviiie siècle (cf. A. Esmein, *Histoire du droit français,*
14e éd., p. 44-45). D'après cette théorie, les conquérants
germains de l'Occident, ancêtres de la noblesse contem-
poraine, seraient les vrais fondateurs du régime représentatif et de la monarchie modérée, dont Montesquieu
loue sans cesse les avantages par rapport au « despotisme
oriental ». La théorie du gouvernement britannique vient
s'insérer dans ce cadre sociologique et historique plus
général. Montesquieu revient, d'ailleurs, à nouveau sur
ces problèmes, notamment aux livres XXX-XXXI de l'*Esprit
des Lois*, où il étudie minutieusement les origines lointaines des institutions politiques de l'Europe moderne.
Une très grande partie des développements consacrés par
l'auteur à ces matières sont aujourd'hui dépassés, grâce
à des recherches historiques plus récentes. Mais ils con-
servent leur intérêt quand on veut connaître les itiné-
raires longs et compliqués par où Montesquieu est passé
avant d'aboutir à la rédaction définitive des « chapitres
anglais », et, en particulier, du chapitre 6 du livre XI.

(18) Cf. J.-J. Chevallier, *Les grandes œuvres politiques*, éd. citée, p. 129 et suiv. Comme nous l'indiquons
dans notre texte, les climats favorisent la liberté ou le
despotisme, mais ne les produisent pas nécessairement.
De fait, aucun facteur, physique ou moral, n'est absolument déterminant, son action propre supposant toujours
l'intervention de causes concomitantes multiples, avant
que son influence définitive ne soit cristallisée dans les
institutions et dans les mœurs politiques. On pourrait,
dès lors, parler plutôt de prédisposition naturelle ou de
tendance, et non pas de causalité stricte. Il s'agirait bien,
d'autre part, suivant le plan d'étude de l'*Esprit des Lois,*
d'une typologie établie fondamentalement sur une base
empirique et plus spécialement historique, et nullement
de schémas élaborés à partir d'idées dogmatiques. Tel
est, par exemple, le rapport établi par Montesquieu entre
la forme de gouvernement et l'étendue du territoire étatique, rapport résumé en des formules comme celles-ci :
« Il est de nature d'une république qu'elle n'ait qu'un
petit territoire » (liv. VIII, chap. 16) ; « Un Etat monarchique doit être d'une grandeur médiocre » (liv. VIII,
chap. 17) ; « Un grand empire suppose une autorité despotique dans celui qui gouverne » (liv. VIII, chap. 19).
Citant ces passages, R. Aron, *op. cit.,* p. 34, fait remarquer avec raison qu'il ne faudrait pas employer, ici, un
langage de causalité, « mais dire plutôt qu'il y a une

concordance naturelle entre le volume de la société et le type de gouvernement ». A vrai dire, et quand on a surtout sous les yeux l'explication de la constitution anglaise — vraie ou fausse n'importe —, on comprend que les « causes » ou les « principes » ainsi formulés abstraitement, y compris le principe de « distribution des pouvoirs », apparaissent proprement comme de simples cadres intellectuels à contenu empirique variable, ne devenant en fait déterminés et précis qu'au niveau le plus bas, celui de la physionomie politique particulière de chaque pays concrètement étudié.

(19) Cet argument psycho-biologique vient renforcer les conclusions tirées de la « théorie germanique ». Cf. *ci-dessus,* note 17.

(20) Tel est le sens de ce passage du chapitre 27 du livre XIX : « Les coutumes d'un peuple esclave sont une partie de sa servitude : celles d'un peuple libre sont une partie de sa liberté. » Cf. liv. V, chap. 7 ; liv. XIX, chap. 6 et suiv. où Montesquieu souligne l'importance de la tradition dans le cadre des conceptions sur le caractère national, exposées dans notre texte. Il est à noter que ces idées du philosophe, plus ou moins détachées de leur substratum biologique déterministe, ont servi de base à une multitude de doctrines évolutionnistes ou traditionalistes de la société et de l'Etat. Voyez à ce sujet Fr. MEINECKE, *op. cit.,* p. 125 et suiv. Il est particulièrement significatif, quant à la richesse du contenu de l'*Esprit des Lois,* que celui-ci a pu fournir des motifs de réflexion à des courants aussi opposés que ceux qui conduisent, d'un côté, au *Contrat social* de Rousseau et à l'idée révolutionnaire de souveraineté nationale, de l'autre, au traditionalisme et au conservatisme de Burke en Angleterre, de Hegel et des Romantiques en Allemagne. Voyez l'article de Hildegard TRESCHER, « Montesquieu's Einfluss auf die philosophischen Grundlagen der Staatslehre Hegels », dans *Schmollers Jahrb.,* 42, 1918, p. 471-501, 907-944, et Jean HYPPOLITE, *Introduction à la philosophie de l'histoire de Hegel,* Paris, 1948, p. 18. Sur les idées de Hume concernant le « caractère national », idées élaborées en rapport étroit avec les conceptions analogues de Montesquieu, voyez G. VLACHOS, *Essai sur la politique de Hume,* p. 115 et suiv., 130 et suiv.

(21) Voyez Emile BRÉHIER, *op. cit.,* p. 375-376.

(22) Liv. XIX, chap. 27.

(23) *Ibid.*

(24) Cf. *ci-dessus,* p. 103 et suiv.

(25) Liv. XIX, chap. 17.

(26) *Ibid.* Cf. ce passage des *Considérations* (chap. IX), où Montesquieu montre bien que la contestation est de l'essence de la démocratie : « Pour règle générale, toutes les fois qu'on verra tout le monde tranquille, dans un Etat qui se donne le nom de République, on peut être assuré que la liberté n'y est pas. Ce qu'on appelle union, dans un corps politique, est une chose très équivoque. La vraie est une union d'harmonie, qui fait que toutes les parties, quelque opposées qu'elles nous paraissent, concourent au bien général de la société comme des dissonances dans la musique concourent à l'accord total. Il peut y avoir de l'union dans un Etat où on ne croit voir que du trouble, c'est-à-dire une harmonie d'où résulte le bonheur, qui seul est la vraie paix. Il en est comme des parties de cet univers, éternellement liées par l'action des unes et la réaction des autres. » Cf. la note 28, *ci-dessous,* ainsi que *Mes Pensées,* n° 5.

(27) *Ibid.*

(28) *Ibid.* Cf. encore ce portrait de l'Angleterre, extrait des *Lettres persanes* : « ... Angleterre, où l'on voit la liberté sortir sans cesse des feux de la discorde et de la sédition ; le prince, toujours chancelant sur son trône inébranlable ; une nation impatiente, sage dans sa fureur même, et qui, maîtresse de la mer, mêle le commerce avec l'empire » (lettre 136).

(29) Cf. KANT, *Théorie et pratique :* « Il doit y avoir dans toute république une obéissance au mécanisme de la constitution civile..., mais en même temps un esprit de liberté, puisque, en ce qui touche le devoir général des hommes, chacun a besoin d'être convaincu par la raison que cette contrainte est légitime, et qu'elle ne tombe pas en contradiction avec elle-même. » Voyez Georges VLACHOS, *La pensée politique de Kant,* p. 412 et suiv. Sur l'influence de Montesquieu sur la pensée de Kant, voyez *ibid.,* chap. III et XVII.

(30) *Ibid.*

(31) *Ibid.*

(32) *Ibid.* Pour être appréciée à sa juste valeur, cette pensée devrait être reliée à ce que l'auteur de l'*Esprit des Lois* écrit au livre II, chap. 2, au sujet du suffrage. On y lit notamment que « les lois qui établissent le droit de suffrage sont fondamentales » et qu'en outre « il est essentiel de fixer le nombre des citoyens qui doivent former les assemblées », car, « sans cela, on pourrait ignorer si le peuple a parlé, ou seulement une partie du peuple ». Ce principe n'est valable, cependant, qu'en ce

qui concerne le régime démocratique fondé sur une égalité plus ou moins prononcée des conditions. Il n'exclurait pas, sur le plan de l'électorat, des inégalités consécutives à un agencement différent des structures sociales (cf. *ci-dessus*, p. 117, notes 11 et 12), inégalités dont la portée demeure néanmoins politiquement limitée, en raison de la mise en œuvre, dans les Etats « modérés » envisagés par Montesquieu, de l'appareil institutionnel que résume l'idée de « distribution des pouvoirs ».

(33) R. ARON, *op. cit.*, p. 36.

(34) Cette vérité est attestée dans un passage comme le suivant : « Quand les sauvages de la Louisiane veulent du fruit, ils coupent l'arbre au pied, et cueillent le fruit. Voilà le gouvernement despotique. » *Esprit des Lois,* liv. V, chap. 13.

(35) *Mes Pensées,* n° 221.

(36) Comme, par exemple, dans les constitutions helléniques, depuis la première moitié du XIXe siècle.

(37) *Œuvres complètes,* III, p. 292.

(38) P. 44, note 16.

(39. Chap. 18. Cf. *ibid.*, chap. 25, ainsi que le livre X, chap. 3 de l'*Esprit des Lois*.

(40) *Mes Pensées,* n° 350.

———

CONCLUSIONS
ET PERSPECTIVES

———

Les différentes pensées que nous avons rap-
portées plus haut, celles notamment qui sont
contenues dans les « chapitres anglais » de
l'*Esprit des Lois,* montrent avec une évidence
parfaite que Montesquieu n'a jamais cru à la
force magique d'un mécanisme constitutionnel
unique, pouvant agir automatiquement et capable de fonctionner en n'importe quel moment
de l'histoire et dans n'importe quel pays. La
conversion de l'idée de « distribution des pouvoirs » avancée par Montesquieu en dogme juridique ou métaphysique est l'œuvre des deux
grandes révolutions libérales du xviiie siècle.
Dans la pensée du philosophe français prédo-
mine, au contraire, la conception de la dépendance réciproque et profonde des idées et des
faits politiques, sous l'égide des lois naturelles.
Caractéristique principale de ces lois demeure,
cependant, la faculté de différenciation illimitée,
conformément à l'idée de spécification infinie des
productions de la nature, spécification rendue
encore plus poussée dans le domaine des sciences

Les notes sont insérées à la fin du chapitre.

de l'homme, à la suite de l'inconstance mais aussi de l'adaptabilité plus grande de l' « être intelligent ».

Considéré sous cet angle plus large, le mécanisme de « distribution » et d' « équilibre » des pouvoirs décrit dans l'*Esprit des Lois* possède la signification et la portée d'une simple vérité schématique, à travers laquelle ou avec le concours de laquelle l'expérience politique concrète s'élabore suivant les influences multiples et variées des causes « physiques » et des causes « morales », qui agissent sur le caractère et sur la culture de chaque peuple. Un tel mécanisme, ramené à ses dimensions véritables, sociologiquement et historiquement déterminées, non seulement n'exclut en aucune façon l'unité du pouvoir politique dans l'Etat, mais contribue au contraire, toutes les fois que les conditions objectives requises à cet effet sont remplies, à rendre cette unité plus réelle et effective, dans la mesure notamment où il a pour conséquence de rapprocher étroitement les uns des autres les facteurs socio-politiques qui composent la vie de chaque nation. Au lieu d'une unité totale mais factice et oppressive, comme celle qu'avaient imaginée les partisans de l'individualisme nivélateur, et en particulier Hobbes, Montesquieu projette, à travers ses analyses des régimes politiques, y compris celui de l'Angleterre, l'image d'une société plus ou moins inégalitaire dans ses structures matérielles ou psychologiques, mais pluraliste et tendant éternellement à s'équilibrer au niveau des institutions politiques, suivant des formules sociologiquement et historiquement diversifiées de « distribution des pouvoirs ».

La contribution originale de Montesquieu aux progrès de la science politique réside précisément

dans le fait qu'il a su attirer l'attention sur
l'importance des facteurs réels de l'évolution
sociale, fruits desquels est, à ses yeux, l'unité du
pouvoir politique aussi bien que sa répartition
variable au sein de l'Etat. La méthode sociologique et psychologique d'étude des institutions
juridiques et politiques, que Montesquieu —
après Aristote et parallèlement ou conjointement
à Hume, mais incontestablement bien mieux que
ce dernier — a appliquée avec rigueur et conséquence dans l'*Esprit des Lois,* constitue incontestablement une conquête beaucoup plus importante et beaucoup plus féconde que les construc-
tions théoriques abstraites, au moyen desquelles
les théoriciens de l'individualisme « libéral » du
XIXe siècle, reproduisant en fait les théorèmes
de la politologie hobbésienne, se sont efforcés de
concilier le dogme d'une souveraineté étatique
illimitée avec l'idée d'une distinction trialiste des
fonctions parfaitement indépendantes des réalités
sociales sous-jacentes et soumises uniquement
aux exigences rationnelles de la Règle de droit.
La naissance, sur les ruines de la méthode sociologique du droit et de l'Etat prônée par le philosophe, d'une science juridique hypertrophiée,
destinée fondamentalement à servir à l'idéologie
et aux intérêts de la bourgeoisie triomphante,
n'a pas été, à coup sûr, un progrès pour la
connaissance des institutions politiques et sociales, celles du passé et celles du présent et de
l'avenir. Le bouleversement épistémologique
actuel et, en particulier, l'apparition d'une
science politique autonome et quasiment hostile
à l'esprit juridique le prouvent avec évidence.
Cette jeune science politique aura certainement
encore beaucoup à apprendre à l'auteur de
l'*Esprit des Lois,* si elle veut éviter l'isolement,

ainsi que la sclérose, conséquence inévitable du premier. Ce qui apparaît, en effet, comme une conquête définitive de cet auteur dans le domaine des sciences humaines, c'est d'avoir fourni un modèle authentique de recherche interdisciplinaire, conquête réalisée au prix d'un gigantesque effort personnel, que très peu de savants, avant lui ou après lui, ont pu mener jusqu'au bout avec autant d'ardeur et de persévérance.

Sans doute est-il vrai que la science de Montesquieu a des limites, voire des limites certaines et tout à fait visibles. En maniant sa méthode sociologique comparative, l'auteur de l'*Esprit des Lois* n'a pas su apprécier toujours à sa juste valeur le dynamisme de la vie sociale, dynamisme dont dépendent également, en très grande partie, les transformations d'ordre constitutionnel et politique, sur lesquelles il s'est surtout penché pendant ses longues années de labeur. Les barrières idéologiques de sa pensée ont certainement joué à cet égard un rôle non négligeable. Montesquieu s'est attaché, en particulier, inconsciemment sans doute, au rôle statique de la possession et à ses rapports avec les cristallisations ou les tribulations de la politique; il a été impuissant, en conséquence, de comprendre l'action déterminante des changements intervenus, au cours de l'histoire mondiale, dans le mode de production matérielle sur les idées et sur les institutions politiques des nations. La prédominance de l'économie agraire traditionnelle dans la France du deuxième quart du XVIIIe siècle l'empêchait certainement de pressentir toute l'ampleur des bouleversements sociaux et politiques qu'une évolution sourde des idéologies sociales dominantes, en parfaite har-

monie avec les transformations économiques
nécessaires, préparait déjà en secret dans une
grande partie de l'Europe. S'il a pu, malgré tout,
discerner dans la société et dans l'économie
anglaise le signe d'une évolution de cette nature,
il n'a pas finalement su l'expliquer autrement
que par des causes « physiques » et « morales »
affectant spécialement et exclusivement l'Angleterre (1).

Les limites de la science de Montesquieu sont,
par ailleurs, explicables aussi en partie par l'état
général de la science de son époque. La plupart
des savants de son temps étaient profondément
convaincus, sous l'influence conjuguée de Spinoza et de Leibniz, que chaque objet de connaissance peut être ramené à quelques notions
simples ou principes, empiriquement constatés
et capables de fournir une explication complète
de son mécanisme particulier, tout phénomène
insusceptible d'être soumis à de tels principes
étant qualifié de « fortuit ». Le « wolfianisme »,
en Allemagne (2), a été, on le sait, la manifesta-
tion la plus extrême de cette orientation générale
des esprits pendant la première moitié du
XVIIIᵉ siècle. Quoique la pensée de Montesquieu
ne soit pas prédisposée à approuver les acro-
baties syllogistiques de l'école wolfienne, elle
n'est pas, toutefois, entièrement libérée de la
tentation de rechercher, par voie déductive et en
écartant un grand nombre de données empiriques complexes, certains rapports constants
qu'elle croit pouvoir attribuer, plus ou moins
dogmatiquement, à la « nature des choses » (3).
Pareille attitude intellectuelle, introduisant, indirectement, un finalisme d'un genre inédit, conduit fatalement la science à des conclusions éminemment naturalistes et statiques. Les limites

idéologiques de la pensée de Montesquieu rejoignent ici les limites de la science de son temps et, à certains égards, contribuent aussi à les aggraver (4).

Les erreurs de l'auteur de l'*Esprit des Lois* ont assurément leur source dans cette conjonction de facteurs subjectifs et objectifs qui ont déterminé sa personnalité et son œuvre. C'est de là qu'ont jailli tout naturellement la très curieuse théorie des climats, la surestimation, de sa part, de l'importance actuelle de la classe nobiliaire en tant qu'élément modérateur, sa confiance excessive quant au fonctionnement paisible des institutions politiques sous l'action d'un petit nombre de « causes physiques » et de « causes morales » de durée indéterminée. Ces erreurs, cependant, bien qu'elles puissent sans conteste être qualifiées de graves, laissent encore au chercheur de la matière politique suffisamment de place pour puiser encore aujourd'hui dans l'*Esprit des Lois* le modèle d'une méthode comparative et interdisciplinaire aux possibilités inépuisables, ainsi que des observations particulièrement réfléchies et pénétrantes sur un nombre élevé de sujets intéressant la politique (5).

Il reste à préciser, avant d'achever cette brève étude, un point afférent aux attitudes politiques de Montesquieu, envisagées à travers son œuvre. Ces attitudes ressortent, croyons-nous, suffisamment de ce qui a été dit au cours de notre exposé, à propos de ses positions doctrinales concernant le problème de l'unité du pouvoir et de l'Etat. Le philosophe est très certainement, comme le dit bien Louis Althusser (6), partisan du grand Etat moderne, auquel il puise surtout ses modèles, plutôt qu'à ceux de la cité antique. Mais il est bien plus que cela. Car il envisage déjà, notamment à travers l'Angleterre et son évolution récente, politique et sociale, l'Etat national aux inflexions plus démocratiques et libérales qu'aristocratiques et traditionalistes. Bien qu'il lui soit interdit, en vertu des positions relativistes qu'il a adoptées dès le début de son œuvre, d'opter pour tel ou tel régime politique particulier, il n'en demeure pas moins attaché à l'idée d'une liberté fondamentale de l'homme, dans tous les régimes et sous toutes les latitudes. Son objectif permanent est d'humaniser le droit et la politique. A cette fin, il se sert invariablement du double critère de la liberté : « d'après la constitution » — confondue pratiquement avec la répartition des « pouvoirs » — et « d'après la liberté du citoyen » — équivalente aux droits de l'homme. Son libéralisme juridique donne ainsi en même temps accès à une conception pluraliste originale de la société et de l'Etat, conception qui devrait, certes, être révisée aujourd'hui, dans une très large mesure, pour être adaptée à la fois aux nouvelles données de l'expérience historique et aux méthodes d'investigation plus perfectionnées de la science. La liberté qu'il revendique pour l'homme en général, jointe à ses vues pluralistes, nous permettent en tout cas de situer le philosophe bien au-delà d'une politique partisane pure et simple, dans le sillage de la tradition humaniste qui a permis à l'Europe moderne de s'engager sur le chemin des révolutions libérales et démocratiques (7).

Il n'en demeure pas moins que, pour des raisons qui ne sont pas toujours idéologiques, Montesquieu a trop tendance à observer ce qui est établi, « donné et achevé » — pour nous exprimer en termes de critique fichtéenne de la connaissance historique — et néglige, plus ou moins, les forces sociales sous-jacentes et les idéologies correspondantes qui, par-delà les schémas institutionnels établis et les idées sociales et politiques consacrées, contribuent à transformer la société et à donner à l'histoire un sens éternellement nouveau. Au regard d'un empirisme plus conséquent et d'une science objective plus sûre de ses fins et de ses moyens, les opprimés possèdent un droit égal à celui des oppresseurs d'être pris en considération, non seulement dans une vue idéaliste et humanitaire — comme celle qui transparaît à travers l'œuvre de Montesquieu —, mais aussi et surtout en tant que facteurs réels de création et de renouvellement. La portée des inégalités historiques pourrait apparaître, sous cet angle, beaucoup moins déterminante que ne l'eût pensé le philosophe en se fondant sur des lois plus ou moins statiques et en ignorant ou en négligeant les processus de développement effectifs de l'histoire de l'humanité (8).

Ce dernier aspect de la pensée politique et constitutionnelle du philosophe nous paraît, en effet (9), crucial en ce qui concerne la détermination de la place qui doit lui être accordée dans l'histoire de la science politique moderne.

La grande originalité de l'auteur de l'*Esprit des Lois* réside, assurément, dans le fait que celui-ci a su lier — sur les traces d'Aristote (10), mais de façon beaucoup plus systématique que lui — les institutions politiques au système social sous-jacent, envisagé dans toute sa complexité structurale : économique, juridique et psychologique. Cette inflexion sociale de la pensée de Montesquieu contribue incontestablement à donner à son œuvre un caractère réaliste, caractère

qui devient plus précis et plus sûr du fait que
son empirisme d'inspiration newtonienne le pré-
serve de tout glissement inopportun vers les conceptions organicistes ou vitalistes dont avait
surtout souffert la doctrine du Stagirite. On en
a conclu — un peu hâtivement (11) —, qu'à la
suite précisément de la liaison établie entre le
politique et le social, la science de Montesquieu
acquiert *ipso facto* cet aspect dynamique qui
manquait jusqu'alors aux conceptions juridiques
positivistes du droit et de l'Etat. Or, c'est ici,
nous semble-t-il, qu'apparaît dans toute son
ampleur la contradiction que renferme le réa-
lisme apparent de l'*Esprit des Lois*. Comme
Raymond Aron l'a montré pertinemment (12), la
pensée de Montesquieu s'achemine de la théorie
politique à la sociologie et non pas inversement.
En fait, l'expérience « sociologique » dont il est
question dans l'*Esprit des Lois* est placée tout
entière au service d'une « sociologie *politique* »
érigée en théorie générale de la société. Certes,
l'expérience sociologique plus large est attestée
et reconnue comme telle par Montesquieu, mais
elle demeure en quelque sorte à l'état brut : pluralité des groupes et des intérêts sociaux, interférences multiples entre l'individuel et le social,
disparités ou harmonies sociales, etc. Mais en
fait, tout cela ne devient consistant et concret
qu'au niveau d'une doctrine construite essentiellement à partir du principe d' « unité du pouvoir » et de « distribution des pouvoirs », d'une
part, de la « liberté du citoyen », de l'autre —
donc à partir d'une doctrine juridique et politique qui finit ainsi par s'identifier avec la
théorie générale de la société. Les déterminismes
de toutes sortes, « physiques » ou « moraux »,
existent naturellement, ainsi qu'il vient d'être

noté, en eux-mêmes, objectivement, mais ils manquent de sens et de cohérence aussi long-temps qu'ils ne sont pas rapportés à l'idée fon-damentale d' « union des forces » et d' « union des volontés », qui servent de tremplin durable à l'ensemble des spéculations sociologiques de Montesquieu. Tout importantes qu'elles soient dans la pensée de celui-ci, les différentes « causes » : les mœurs, les coutumes, l'économie, la population, la dimension du territoire, et même les « climats », ainsi que les autres causes secondaires, physiques, biologiques ou psycho-logiques, ne sont envisagées en fait qu'en fonc-tion, toujours, du droit et de la politique, dont elles deviennent tributaires tout en étant des éléments déterminants de leur existence. Tout le paradoxe est là : bien qu'il y ait déjà une « sociologie politique » de Montesquieu, comme Raymond Aron le suggère avec raison, cette sociologie politique, au lieu d'être fondée sur une science authentique de la société dans sa totalité, prête plutôt à cette dernière l'essentiel de ses concepts, l'organise et la ramène à ses fins. Les conséquences de ce renversement épis-témologique ne se laissent pas attendre long-temps : sans être à proprement parler statiques et immobiles, les réalités sociales ne deviennent réel-lement significatives qu'au niveau du juridique et du politique; le mouvement social, les forces productives, les techniques de transformation engendrées par la société elle-même, au-delà de tout schématisme politique et constitutionnel, voire à l'encontre de tout schématisme de cette nature, ne possèdent en fait, dans l'*Esprit des Lois*, aucune signification sociologique propre. Et dès lors, au contact du social, la politique de Montesquieu cesse automatiquement d'être statique à la manière des doctrines antérieures de l'ontologie, sans devenir pourtant dynamique et objective au sens sociologique plein du terme; et ce, pour la très simple raison que le social est pensé lui-même à peu près uniquement à travers les catégories du droit et de l'Etat.

Il ne serait pas indispensable de recourir à l'inversion marxienne du rapport entre l'épiphénomène et la structure pour comprendre combien cette démarche devient restrictive du principe d'expérience dont elle se réclame. Aussi restrictive que celle qui conduit d'une logique des institutions historiques à la conception d'une histoire logique à construire bientôt — avec des matériaux puisés en grande partie dans l'*Esprit des Lois,* par le génie hégélien. Pour élaborer une sociologie politique authentique, il faudra attendre sans doute que la science sociale, s'émancipant justement d'une domination unilatérale du droit, et annexant en même temps à son domaine l'économie et ses lois, établisse un rapport plus judicieux entre la société, l'économie et la politique. Vu sous cet angle, Montesquieu, en dépit de la grande originalité de sa pensée et des aspects largement prometteurs de sa méthode, demeure un simple précurseur; il n'est pas le vrai fondateur de la sociologie moderne. Mais il demeure, au contraire, le père d'une sociologie politique, sociologie encore beaucoup trop doctrinale ou trop ambitieuse pour être en mesure de servir de base à une connaissance approfondie des faits et des institutions politiques, mais susceptible, néanmoins, d'inciter les esprits à des recherches inspirées d'un tel idéal. Le bilan définitif pourrait être qualifié, à cet égard, d'encourageant et de positif, nonobstant les réserves précédemment for-

mulées sur la façon dont le philosophe a conçu
le rapport du politique et du social.

Au-delà de cette contribution, limitée mais
certaine, sur le plan de la théorie, l'apport de
Montesquieu au développement de la pensée
politique moderne, et en particulier de la pensée
démocratique et libérale, demeure tout à fait
considérable et important.

Impuissant à discerner, comme il vient d'être
noté, les vrais processus sociaux de développement, et d'établir ainsi sur une base plus prospective le schéma général de l'évolution politique de l'Europe et du monde, l'auteur de
l'*Esprit des Lois* accorde, certes, une portée
excessive aux inégalités historiques, dont il
ignore la dialectique d'autodestruction et de
renouvellement. Il n'en demeure pas moins intéressant de constater combien il a constamment le souci d'en ramener invariablement le
jeu aux conditions d'un égalitarisme juridique
de base obéissant, dans l'ensemble, à l'impératif
de la liberté humaine fondamentale. Il parvient
ainsi à penser et à définir la loi démocratique
— avant Rousseau — comme une règle générale
et impersonnelle exprimant la « volonté générale », et à frayer ainsi la voie vers la conception
révolutionnaire de la souveraineté nationale.
Sans perdre de vue, toutefois, que l'essence de
l'Etat libre consiste bien moins en un accord
formel de volontés individuelles atomisées, qu'en
une intégration réelle et en quelque sorte organique des catégories et des groupes sociaux
autant que des individus qui les composent. Par
là même, sa pensée rejoint, par-delà l'individualisme négatif du XIXᵉ siècle, les problèmes et les
soucis de notre époque actuelle. Enfin, *last but
not lest,* Montesquieu est venu apprendre à ses

contemporains — sur les traces de Milton, de
Locke et de Spinoza, mais bien avant Kant (13),
que la démocratie commence avec la liberté de
l'esprit et se perd avec cette liberté. Pour ne pas
être la vérité politique totale, cette affirmation
est-elle aussi une vérité essentielle, dont nous
sommes également redevables à l'auteur de
l'*Esprit des Lois*. L' « Eloge » adressé au philosophe par d'Alembert, au volume V de l'*Encyclopédie* (14), pourrait servir encore valablement
de nos jours de conclusion finale à toute étude
consacrée à la pensée de Montesquieu : « Il a
été parmi nous, pour l'étude des lois, ce que
Descartes a été pour la philosophie ; il éclaire
souvent, et se trompe quelquefois, et en se
trompant même, il instruit ceux qui savent lire ».

NOTES DES CONCLUSIONS

(1) Liv. XIX, chap. 17. Tout cela montre que Montesquieu, bien qu'ayant relevé les nombreux avantages de
la constitution anglaise, n'a pas envisagé vraiment l'éven-
tualité d'une transplantation pure et simple des institutions de ce pays en France (cf. R. Derathé, *loc. cit.*,
p. XXXI). Non pas qu'il eût éprouvé, à cet égard, une
préférence absolue pour la monarchie française, même
réformée de la manière qu'il préconise dans son livre.
Esclave de son propre système déterministe, notamment
à partir de certaines causes physiques dont il serait assez
difficile de changer le cours, l'auteur de l'*Esprit des Lois*
est fatalement acculé à un réformisme dont les limites
sont fixées en quelque sorte par avance. Ce réformisme
est lié à son tour à une surévaluation de la portée des
structures inégalitaires de la société traditionnelle ; il
aboutit, comme nous l'indiquons dans notre texte, à des
vues plus ou moins statiques et naturalistes, contradictoires au libéralisme idéologique et à l'humanisme dont
l'*Esprit des Lois* est imbu d'un bout à l'autre. Cela dit,
il serait exagéré de parler, ainsi que nous l'avons montré
plus haut, de « parti pris de Montesquieu » en faveur de
la noblesse (L. Althusser, *op. cit.*, p. 109 et suiv.). Au
moment où le philosophe a écrit son livre, il n'y avait

pratiquement d'autre alternative que celle qui opposait
la « modération » à l'absolutisme monarchique. L'*Esprit
des Lois* suggère toutes les formules de modération historiquement connues et répudie l'absolutisme, qualifié de
« despotique ». Peut-on alors reprocher à Montesquieu de
n'être pas d'accord avec les « traitants » capitalistes,
qui tiraient, ainsi que Louis Althusser le reconnaît, tout
leur profit de l' « Etat féodal » et dont les intérêts
n'avaient en fin de compte rien de commun avec la cause
du peuple — sur le plan subjectif et idéologique aussi
bien que du point de vue des structures économiques ?
A défaut d'ouverture authentiquement démocratique et
populaire, irréalisable à cette époque, notamment en
France, le poids d'une noblesse réformée dans le cadre
d'une monarchie constitutionnelle mieux organisée et
contrôlée pouvait légitimement apparaître, aux yeux de
l'auteur de l'*Esprit des Lois,* comme un mode de gestion
plus conforme aux intérêts populaires plus larges que la
gestion irresponsable d'un gouvernement exempt de tout
contrôle et pratiquement soumis aux désirs et aux pres-
sions d'une minorité de féodaux et de capitalistes. Montesquieu n'a pas omis, d'ailleurs, de montrer à ses compa-
triotes qu'il y avait aussi d'autres solutions et d'autres
formules, beaucoup plus radicales, puisées, comme la précédente, dans l'expérience et dans l'histoire, et exposées
dans son livre avec autant de bon sens et d'objectivité
qu'il y eût été possible à une époque où la science historique moderne n'était pas encore tout à fait constituée.
S'il y a « parti pris », dans l'*Esprit des Lois,* c'est plutôt
la haine de son auteur contre le despotisme, celui d'un
homme ou celui d'une classe sociale !

Beaucoup plus judicieuses paraissent, à cet égard, les
conclusions de Jean EHRARD (*La politique de Montesquieu,*
p. 38-39). Cet auteur incline plutôt à penser que Montesquieu, tout en se gardant bien d'adhérer aveuglément
aux postulats du libéralisme, n'en demeure pas moins
fidèle à une conception fondamentalement individualiste
de l'Etat, son idée de « pouvoirs intermédiaires » n'occu-
pant malgré tout qu'une place plus ou moins subordonnée
dans son œuvre. Cette conclusion trouve évidemment sa
confirmation dans l'idée dominante d'Etat unitaire, que
nous avons analysée au cours de cette étude. Cependant,
il convient de faire remarquer aussi que, d'un autre côté,
c'est bien la conception pluraliste de la société qui a
empêché le philosophe de succomber à l'attrait d'un individualisme et d'un libéralisme excessifs, placés en entier
au service d'une minorité capitaliste. Mais il est tout
aussi à l'avantage de Montesquieu d'avoir élevé, nonobstant ce pluralisme, l'idée d'homme en général, comme
personne dotée de droits et de devoirs attachés à sa
nature, au niveau des finalités permanentes de la société

civile. Cf., du même auteur, *L'idée de nature en France*, p. 496-497, où il est montré que l'idée de « pouvoirs intermédiaires » avancée par Montesquieu n'est pas hostile au tiers état, dont Montesquieu connaît, certes, les défauts, mais dont il apprécie aussi les avantages. Plus réservée serait, d'après J. Ehrard, *ibid.*, l'attitude du philosophe envers le « bas-peuple ». Nous savons cependant que les positions de l'auteur de l'*Esprit des Lois* sur ce point devraient être interprétées de manière plus nuancée.

(2) Voyez Emile Bréhier, *op. cit.*, II, ii, 1930, p. 359 et suiv., ainsi que l'ouvrage déjà cité de Jean Ehrard, *L'idée de nature en France*, p. 378 et suiv., 493 et suiv. Cette notion est évidemment, chez Montesquieu, plus ou moins ambiguë, en raison même de l'action potentiellement ou effectivement divergente des « causes physiques » et des « causes morales » ; elle n'implique pas, en tout cas, un déterminisme excluant *a priori* toute idée de liberté d'action. On pourrait même dire que cette liberté devient maintenant possible concrètement, dans la mesure justement où l'individu se trouve éternellement balancé entre un déterminisme physique et un déterminisme social et moral dont il est à la fois le produit et le créateur.

(3) Voyez Ernst Cassirer, *Das Erkenntnissproblem in der Philosophie und wissenschaft der neuen Zeit*, 2ᵉ éd., 1911-1923, II, p. 413, ainsi que J. Ehrard, *ibid.*

(4) Dans la mesure même où il découvrait à chaque régime politique légitime une nécessité empirique, en quelque sorte organique et ressemblant fort à une finalité immanente. On pourrait, ainsi, conclure à une espèce de prédétermination politique et constitutionnelle relative en lisant des pensées comme celle-ci : « Il vaut mieux dire que le gouvernement le plus conforme à la nature est celui dont la disposition particulière se rapporte mieux à la disposition du peuple pour lequel il est établi » (liv. Iᵉʳ, ch. 3). Montesquieu s'est gardé, certes, d'attribuer à ces finalités une valeur absolue. Mais l'on sait que la postérité, à commencer par Hegel, y a largement puisé. Cf. aussi la note 11 de ce chapitre.

(5) Montesquieu est parfaitement conscient de l'importance méthodologique de son œuvre; il écrit dans ses *Pensées* (Nagel, n° 1794) : « Je n'ai point pris la plume pour enseigner les lois, mais la manière de les enseigner. » Et dans un passage du *Manuscrit* (R. Derathé, *loc. cit.*, XXXIX) faisant partie du livre XXIX : « c'est plutôt une espèce de méthode pour étudier la jurisprudence ».

(6) *Op. cit.*, p. 65 et suiv., mais en sous-estimant, comme nous l'avons noté (*ci-dessus*, p. 89, n. 23), la portée que Montesquieu attribue aux expériences de l'antiquité démocratique.

(7)La raisonnance des idées de Montesquieu dans le monde ne fait pas partie de l'objet de cette étude. Leur action sur les esprits et sur les constitutions de la France révolutionnaire est toujours controversée. Léon DUGUIT (*La séparation des pouvoirs et l'Assemblée constituante; Traité de droit constitutionnel*, 2e éd., 1923, II, p. 519-520) avait surtout insisté sur les différences qui séparent les idées de Montesquieu de celles qui ont prévalu pendant la Révolution. Charles EISENMANN et Michel TROPER, dont nous avons cité les travaux, contestent vigoureusement les thèses du doyen de Bordeaux. L'influence de Montesquieu sur la Révolution américaine est plus précise. Mais il s'agit, ici aussi, d'une réadaptation plutôt que d'une application pure et simple du « modèle anglais ». Le point culminant de cette influence est le veto suspensif accordé au président vis-à-vis des lois votées par le Congrès (voyez à ce sujet J.-J. CHEVALLIER, *loc. cit.*, p. 148). Il était naturel, d'ailleurs, que la physionomie historique, géographique et sociale de la confédération américaine ne s'apprêtât que partiellement à la reproduction de ce modèle. Il est remarquable, toutefois, que les rédacteurs du *Fédéraliste*, MADISON et HAMILTON, qui ont été aussi parmi les principaux rédacteurs de la Constitution fédérale américaine, ont bien compris et interprété le sens des formules employées par Montesquieu dans son livre. Voyez les observations de Paul BASTID, « Montesquieu et les Etats-Unis », dans *Montesquieu, sa pensée politique*, etc., p. 313 et suiv. Cf. également Ch. EISENMANN, *ibid.*, p. 178, note 1 ; J. A. CORRY, *Eléments of democratic Government*, 1947, p. 33 et suiv.; WADE et PHILLIPS, *op. cit.*, p. 19-20 ; ainsi que l'ouvrage de KNUST, *Montesquieu und die Verfassungen der Vereinigten Staaten von America*, 1922.

Un autre courant d'influences concerne les idées exposées par Montesquieu au sujet des « caractères nationaux ». Voyez à ce sujet, *ci-dessus*, chap. V, note 19. Non moins intéressante est l'influence de l'*Esprit des Lois* sur la pensée de Rousseau. Tout en repoussant comme contraire à la souveraineté une et indivisible toute idée de « distribution » — à base sociale pluraliste (*Contrat social*, liv. II, chap. 2) —, ce dernier s'est inspiré, en effet, largement du relativisme sociologique de Montesquieu, dont il a corrigé parfois les excès naturalistes (voyez notamment, *ibid.*, liv. III, chap. 8; liv. II, chap. 11). Pour ce qui est de l'influence de Montesquieu sur A. Comte, voyez l'hommage rendu par ce dernier à son prédécesseur, dans son *Cours de philosophie positive* (47e leçon).

(8) Montesquieu n'ignore pas, certes, les expériences communistes ou communautaires du passé. Voyez *Esprit des Lois,* liv. IV, chap. 6-7, où le philosophe, évoquant certaines expériences grecques, la République du Paraguay, ainsi que la *République* de Platon, note que de telles expériences « ne peuvent... avoir lieu que dans un petit Etat... comme étaient les villes de la Grèce, où l'on peut donner une éducation générale, et élever tout un peuple comme une famille ». Derrière ces réserves se cache à la fois une prédilection sentimentale pour l'appropriation privée et une ignorance quasi totale du problème du machinisme et de ses répercussions sur la structure même des sociétés. Quand il mentionne les machines (par exemple, les moulins à vent (liv. XXIII, chap. 15), Montesquieu n'en envisage les effets que du point de vue du chômage technologique et en ignore l'importance du point de vue de la productivité et des incidences économico-sociales consécutives. Fondée essentiellement sur l'agriculture et le commerce (cf. R. ARON, *op. cit.,* p. 48 et suiv.), la vision économique de Montesquieu répondrait à une idée d'état stationnaire susceptible d'améliorations partielles plutôt qu'à celle de développement et de progrès continus. Les observations du philosophe concernant l'esclavage et le travail libre sont également révélatrices à cet égard. La recherche de Montesquieu dans ces domaines révèle la prépondérance unilatérale des motifs juridiques, humanitaires ou politiques, aux dépens des aspects économiques et sociaux.

(9) Cf. Louis ALTHUSSER, *op. cit.,* p. 119, qui rappelle à juste titre qu'au moment où Montesquieu se penchait sur les régimes politiques de son temps, il se posait déjà, en particulier en France, un problème économique et social aigu, dont on ne parlait point, mais dont il n'était pas impossible de prévoir les développements ultérieurs, si l'on en juge d'après l'importance qui sera donnée bientôt au problème de l'égalité sous toutes ses formes. Montesquieu lui-même ne semble pas ignorer l'existence d'un tel problème (voyez, à ce sujet, S. GOYARD-FABRE, *op. cit.,* p. 202 et suiv.). Mais il pense peut-être sincèrement qu'il s'agit seulement d'une crise passagère dont le dénouement pourrait être obtenu par l'application de formules de modération transférées symétriquement de la politique à l'économie et aux finances.

(10) Voyez, par exemple, les observations de la *Politique* (liv. VI, chap. 4) où l'attribution des charges publiques est envisagée, dans les démocraties, en tenant compte de différentes combinaisons possibles entre la possession et les honneurs.

(11) S'il est permis vraiment de parler de dynamique politique dans le cadre de la pensée politique de Montesquieu, cette dynamique ne se manifeste que sous l'angle des principes psychologiques (« principes » de la constitution), c'est-à-dire dans le domaine des attitudes collectives (cf. L. ALTHUSSER, *ibid.*, p. 52). Ces attitudes, ainsi que leurs modifications, se déplacent cependant éternellement, dans l'*Esprit des Lois*, sur un fond d'immobilité des structures sociales de base ; leur apparente mobilité n'est qu'un élément de l'immobilisme de ces structures : le rapport structure-principe s'épuise à l'intérieur d'un cercle qui demeure fermé ; lorsque le « principe » se trouve complètement épuisé, on aboutit à une anormalité politique, comme dans le cas de Rome : lorsque la « vertu » républicaine y a disparu, il n'est resté qu'un empire perpétuant l' « objet » initial de la république, l'esprit de conquête et d'usurpation. Il n'y a là rien de « dynamique », mais plutôt une force mécanique d'inertie.

L'idée de « dynamique » constitutionnelle de Montesquieu a été reprise récemment, dans un sens large mais fort peu critique, par Simone GOYARD-FABRE, *op. cit., passim* et notamment p. 303 : « En allant au-delà de la systématisation des divers régimes distingués selon leur nature et leur principe, en ajoutant à la statique et à la dynamique de la normalité politique la dynamique *sui generis* des maladies politiques, Montesquieu en vient à montrer, par une sorte de vivisection des faits, que l'essence du politique est affaire de « constitution » ... » Cette assertion est d'autant plus inadmissible que Mme Goyard-Fabre adhère à l'opinion d'après laquelle l'essentiel des idées constitutionnelles exposées dans l'*Esprit des Lois* visent à consolider les privilèges de l'aristocratie féodale de la France du XVIIIe siècle. Voyez *ibid.*, p. 340 et suiv., où l'auteur, reprenant pour son compte la thèse d'Althusser sur le caractère à la fois anti-populaire et anti-absolutiste de la politique de Montesquieu, fait de celui-ci le défenseur de l' « aristocratie nobiliaire » — cette option étant qualifiée comme « la voie du juste milieu » ! Cf. *ibid.*, p. 294 : « Cette organisation fonctionnelle de la société parle, sous la plume de Montesquieu, en faveur d'une conception aristocratique du pouvoir politique qui, loin d'être révolutionnaire ou même réformiste, est plutôt une sorte de conservatisme éclairé. » Et à la page 160 : « Ainsi s'opposeront la pensée progressiste et réformiste de Rousseau et la tendance conservatrice et réactionnaire de Montesquieu... » L'idée de dynamique constitutionnelle est également contradictoire, dans l'ouvrage mentionné, à l'idée (par ailleurs partiellement erronée) que la liberté est, partout et toujours, chez Montesquieu, « l'œuvre des lois » (*ibid.*, p. 293). De fait, il y a bien, dans la pensée du philosophe, en projet, une idée de dynamique consti-

tutionnelle, mais cette idée demeure problématique, pour
la très simple raison que toute dynamique au niveau des
institutions suppose une dynamique correspondante dans
les faits sociaux qui les sous-tendent. Or, cette dernière
dynamique n'est même pas soupçonnée par l'auteur de
l'*Esprit des Lois*. Cf. E. Durkheim, *op. cit.*, p. 105, qui
reproche à Montesquieu d'ignorer la notion de progrès.
Un tel reproche est peut-être excessif. Bien que l'on ne
puisse pas parler vraiment de dynamique politique et
sociale dans l'œuvre du philosophe, cette œuvre n'en est
pas moins marquée profondément par un large optimisme
rationnel, qui débouche indirectement sur l'idée de progrès et de lumières. C'est ce qui permet, par ailleurs, à
l'auteur de l'*Esprit des Lois*, de suggérer des réformes
politiques et sociales, partielles, certes, et plus ou moins
confinées dans le cadre de chaque expérience historique
particulière, mais qui convergent, dans l'ensemble, vers
un idéal commun de liberté et d'humanité. Jean Ehrard
(*La politique de Montesquieu*, p. 9, 32 et suiv.; *L'idée de
nature des choses*, p. 732, 735-736) a raison d'affirmer que
« la philosophie de Montesquieu se veut conservatrice
mais non fataliste ». Il va plus loin et croit discerner
dans la critique de l'esclavage élaborée par le philosophe
une réelle ouverture vers la philosophie du progrès. On
pourrait y ajouter que l'idée de progrès est en quelque
sorte implicite dans la manière dont l'auteur de l'*Esprit
des Lois* envisage les rapports internationaux, au niveau
des individus et à celui des gouvernements, et peut-être
aussi dans l'adhésion de principe qu'il accorde à l'idée
d'automatisme économique. Il manque cependant dans son
œuvre une synthèse réelle de tous ces points de vue apte
à soutenir une authentique théorie du progrès. Cf. René
Hubert, « La notion du devenir historique dans la philosophie de Montesquieu », *Revue de métaphysique et de
morale*, 1939, p. 585-610.

(12) *Op. cit.*, p. 43.

(13) Cf. *ci-dessus*, p. 159.

(14) Eloge de M. le Président de Montesquieu, mis à la
tête du cinquième volume de l'*Encyclopédie* (p. X, iij).

INDEX ALPHABÉTIQUE DES MATIÈRES *

* Les chiffres indiquant des renvois aux Notes sont précédés de la mention du chapitre correspondant. Les autres chiffres renvoient aux pages du texte.

INDEX ALPHABÉTIQUE DES NOMS CITÉS *

* Les chiffres indiquant des renvois aux Notes sont précédés de la mention du chapitre correspondant. Les autres chiffres renvoient aux pages du texte.

TABLE DES MATIÈRES

ÉDITIONS
MONTCHRESTIEN
158-160, R. St-Jacques, Paris-Ve.
Dépôt légal : 2e tr. 1974. No 689.

Imprimé
en France.

SOULISSE et CASSEGRAIN,
Imprimeurs,
Niort (Deux-Sèvres).
Dépôt légal: 2e tr. 1974. No 1270.